AF593066

LA FRANCE

DANS

L'EUROPE COMMERCIALE ET INDUSTRIELLE

COURS ÉLÉMENTAIRE DE GÉOGRAPHIE COMMERCIALE

PAR

A. GANEVAL

Professeur de Géographie à l'Ecole de Commerce de Lyon,
Membre de la Société de Geographie.

OUVRAGE PUBLIÉ SOUS LE PATRONAGE DE LA SOCIÉTÉ DE GÉOGRAPHIE
DE LYON

« Ainsi le génie commerçant de l'Europe, qui lui a donné un ascendant marqué sur les autres divisions de la terre, en appréciant leurs besoins et leurs ressources respectives et en les rendant utiles les unes aux autres, a établi entre elles une union dont est résultée pour ses habitants une augmentation considérable de richesses, de pouvoir et de jouissance. »

ROBERTSON,
(Recherches historiques sur l'Inde ancienne.)

LYON
LIBRAIRIE GEORG, RUE DE LYON, 65
1875

Imprimerie X, Jevain, rue Sala, 42, Lyon.

A MESSIEURS

LES DIRECTEURS DES ÉCOLES PRIMAIRES

DE LYON

AVANT-PROPOS

Pour faire suite aux conférences de géographie commerciale auxquelles la Société de Géographie de Lyon a convié MM. les Directeurs de l'enseignement primaire de notre ville, et pour satisfaire au désir de cette Société, nous prenons la liberté d'offrir ce travail à nos auditeurs.

Nous croyons leur être agréable en plaçant en tête de cet ouvrage l'allocution prononcée par M. le Président de la Société de Géographie, à l'inauguration de ces conférences. C'est une bonne fortune pour cet opuscule que sa meilleure page soit la première. Nous sommes au moins assuré que l'attention et la sympathie du lecteur lui seront un moment acquises.

« Messieurs les Directeurs,

« Nous vous remercions d'avoir bien voulu vous rendre en grand nombre à l'appel de notre Société. Cet empressement est de bon augure. Il nous fait espérer que la pensée d'introduire dans les écoles primaires de Lyon une branche nouvelle de la science géographique sera bientôt un fait accompli. Avec votre concours, quelques jours suffiront pour réaliser cet important progrès. Sans cela, peut-être, eussions-nous dû attendre de longues années encore.

« La présence à cette modeste réunion de quelques-unes de nos plus hautes notabilités lyonnaises n'est pas seulement un honneur dont notre Société ne saurait se montrer trop reconnaissante; c'est aussi pour vous, Messieurs, une preuve non douteuse de l'importance d'une idée qui, partie de Lyon, devra se répandre graduellement sur toute la France.

« Remarquez en effet, Messieurs, que l'œuvre que nous tentons ensemble répond à un besoin général. Pour tout homme qui observe et réfléchit, il est un fait qui s'impose : c'est le changement complet, radical qu'a déterminé, dans les rapports des hommes entre eux, la rapidité de nos nouveaux moyens de locomotion.

« Plus qu'aucune autre peut-être, notre cité, ville d'industrie et de commerce, a participé à ce mouvement. Nos négociants et nos manufacturiers ne se bornent plus comme autrefois à trafiquer sur le sol français ; c'est à l'univers entier qu'ils livrent les produits de leur industrie et demandent les matières premières nécessaires à l'alimentation de leurs nombreuses usines.

« Ce prodigieux développement du génie industriel est des plus satisfaisants sans doute ; mais ne nous impose-t-il pas à nous, hommes d'enseignement, hommes de progrès scientifique, de nouveaux devoirs et une nouvelle responsabilité ? Ne devons-nous pas nous demander si, sur ce terrain, la théorie ne s'est pas laissée devancer par la pratique, si l'école est en mesure de répandre parmi les jeunes gens des notions qui leur seront indispensables lorsque viendra pour eux l'inévitable obligation de compter avec les exigences de la vie ?

« En d'autres termes, le commerce est devenu international ; la science se dispense-t-elle à la jeunesse en raison de ce fait et des nouveaux besoins qui en découlent ?

« Évidemment non ! Quelle qu'ait été la brillante réussite du cours de notre éminent collègue, M. le docteur Berlioux, dont une part a été réservée à la géographie commerciale, on peut cependant dire que l'École supérieure de Commerce de notre ville, en nous apportant les traditions de celle de Mulhouse, a seule répondu à cette nécessité. Un nombre trop restreint de jeunes gens profite du bénéfice de cet enseignement. Hâtons-nous de le dispenser à tous.

« De là, Messieurs, est née la pensée de faire appel à votre dévouement, en vous demandant d'initier vos jeunes élèves à la connaissance de la géographie commerciale.

« Un professeur spécial va vous en exposer la méthode et le fond en ce qui concerne la France et l'Europe.

« Vous entendrez avec intérêt, nous en sommes assurés, les détails que M. Ganeval se propose de vous donner sur les produits naturels et artificiels de ces contrées ; sur leur classement, sur leurs principaux marchés de production et de consommation, ainsi que sur les moyens de transport qui relient entre eux ces centres du commerce et de l'industrie.

« Cette courte étude terminée, vous serez en mesure d'enseigner à vos élèves la branche toute nouvelle de la science géographique.

« Messieurs les Directeurs,

« Permettez-moi de vous le dire, en terminant, le travail auquel nous vous demandons de vous livrer ne vous fournira pas seulement le moyen d'élever l'esprit de vos élèves, vous y trouverez encore un puissant levier d'amélioration morale.

« Après avoir parlé à vos enfants de la prodigieuse variété de produits que nous fournissent, suivant leur position, leur climat, leur altitude, les diverses contrées de l'Europe, vous serez tout naturellement portés à tourner leurs cœurs vers l'auteur de tous ces biens. Vous trouverez aussi l'occasion de leur dire, qu'en les mettant à la disposition de l'homme, Dieu y a joint la condition de les féconder par un travail intelligent, et de lui en témoigner une juste reconnaissance en obéissant à la loi divine.

« Vous contribuerez ainsi puissamment à préparer la régénération de notre cher et malheureux pays. »

LA FRANCE

DANS

L'EUROPE COMMERCIALE ET INDUSTRIELLE

CHAPITRE PREMIER

EUROPE ET FRANCE COMMERCIALES

Connaître les éléments de la richesse universelle, savoir l'usage qu'en font les peuples, est le but de la géographie commerciale.

Complétée par les déductions que cette double connaissance amène, cette science offre un champ très-vaste.

La richesse d'un pays est de deux sortes, et par suite, a deux causes : un premier fonds que Dieu a confié à chaque parcelle de notre planète constitue l'avoir naturel ; le génie des peuples crée la richesse artificielle souvent plus considérable que la première.

L'Europe, que nous allons passer en revue en étudiant spécialement la France, est devenue le foyer de la civilisation par le concours des faits géographiques et des événements historiques qui l'ont rendue riche.

On ne peut dire ici les événements historiques qui lui ont assigné ce rôle ; ils seront quelquefois retracés au cours de cette étude ; mais les faits géographiques apparaissent à la lecture de la carte.

Qu'on s'arrête d'abord à la forme du continent et aux deux éléments qui la constituent : le contour et la nature de la surface.

Le contour présente de grands enfoncements. Or, c'est pour un pays la condition première d'expansion de ses peuples, d'immigration sur son territoire et de relations avec les autres parties du monde. Les échancrures du littoral forment l'abri du vaisseau et favorisent la navigation maritime, par suite la navigation fluviale, origine des communications d'un monde à l'autre.

Du contour dépend ou l'isolement ou l'activité. Du fait de ce seul élément, l'Europe a pu entrer en relation avec les autres parties de la terre, et l'on voit combien les conséquences de ce contour s'affirment à mesure que les enfoncements s'accusent : l'activité commerciale de l'occident européen n'est-elle pas en raison directe des découpures de son littoral ?

La nature de la surface complète la situation commencée par le premier élément de la forme. Maîtresse de la direction des fleuves, elle règle l'établissement des voies de communication, le mouvement des peuples, les transports.

En Europe, de grandes lignes ont pu relier les points extrêmes. Un canal de faible longueur rend continue la route de la mer Noire à la mer du Nord par le Danube et le Rhin, et l'on peut aller en chemin de fer de Cadix au Volga par la ligne qui dessert Madrid, Bordeaux, Paris, Cologne, Berlin, Saint-Pétersbourg, Moscou et Nijni-Nowgorod et qui, par plusieurs points, se rattache aux grandes voies de Brest à Azow, de Calais à Otrante.

Que l'on prolonge toutes ces lignes par les paquebots et les voiliers qui traversent les océans, par les cables électriques qui unissent les deux continents et l'on constituera le système artériel qu'on peut appeler l'organe de la circulation du monde entier.

Deux mers, la Méditerranée et l'Atlantique, ouvrent à l'Europe les chemins vers les autres terres.

La Méditerranée, connue de longue date, fut le berceau du commerce des occidentaux. Malgré les découvertes des Espagnols et des Portugais elle est redevenue la route de l'Occident vers l'Orient. C'est le rôle que lui ont marqué le littoral européen partout accessible, les ports qu'elle a créés dans ses havres profonds et la route creusée de nos jours à travers l'isthme de Suez. L'Atlantique, mieux que le Grand-Océan, a porté la vie de l'ancien au nouveau monde. La *mer ténébreuse* est devenue la voie de la lumière ; les deux continents américains lui doivent beaucoup, parce que l'Europe lui a beaucoup confié.

Telles sont, à grands traits, les principales causes géographiques du premier rang que l'Europe occupe dans le monde commercial.

Mais toutes les puissances de l'Europe n'ont pas également concouru à cette suprématie. La France en a été l'un des principaux instruments. Cette nation fut faite pour être à la tête des autres. Rien n'y a manqué, ainsi qu'un seul coup-d'œil sur la carte permet de le vérifier.

Du cap Apchéron, dans la Caspienne, à la mer de Kara, une longue ligne se trace à l'orient de l'Europe. Si l'on suit les écarts de ces latitudes extrêmes en allant de l'est à l'ouest, on remarque que la masse de notre continent se développe irrégulièrement, passe par des grandeurs diverses et finit à Gibraltar par un point.

En construisant l'échelle de ces grandeurs et en suivant l'arête de nos deux versants, on voit que les contrées européennes inclinent sur l'une ou l'autre mer ou très-inégalement sur l'une et l'autre. La France seule présente une surface qui s'étend largement aux deux versants, d'où résultent des débouchés faciles sur les deux mers.

L'Espagne semble être aussi bien partagée, mais la faible longueur de sa limite continentale en fait une presqu'île, et la constitution montagneuse de cette limite l'empêche d'employer utilement l'isthme du Languedoc pour ses relations avec le reste du continent.

Quant aux autres pays, ils ne participent pas à cette avantageuse situation.

L'Italie, sans relation avec l'Atlantique, est redevable à sa configuration péninsulaire des inconvénients signalés pour l'Espagne.

Les Iles-Britanniques sont en dehors du continent et sans relations avec la Méditerranée.

Sans poursuivre cette comparaison que le seul examen de la carte permet de faire, on voit que par le seul fait de sa situation géographique, la France tient dans l'Europe une position très-favorable au commerce.

Cette position ressortira d'ailleurs de l'étude du pays même, en dehors de toute relation avec les autres puissances.

La carte nous montre la France sous la forme d'un polygone de six côtés dont trois, baignés par la mer, présentent ensemble à peu près la même longueur que les côtés formant les limites continentales.

En effet, la ligne conventionnelle tracée du village de Zuidcoote, près de Dunkerque, au mont Donon dans les Vosges, égale la longueur du littoral baigné par la mer du Nord, le Pas-de-Calais et la Manche jusqu'à la pointe Saint-Mathieu. La frontière continentale du mont Donon à l'embouchure de la Roja est aussi longue que les côtes de l'Atlantique, et les Pyrénées valent en longueur les côtes de la Méditerranée.

Il y a donc égalité, ou à peu près, entre les frontières de terre et de mer. Il en résulte que le commerce par terre équivaut au commerce maritime. Il en résulte aussi que la situation commerciale ne peut jamais être entièrement troublée, parce que l'impossibilité momentanée d'employer l'une des deux voies serait atténuée dans ses conséquences par les débouchés que la seconde permet d'atteindre.

La nature des côtes, il est vrai, ne ferait pas la balance égale, si l'art nautique n'était à la hauteur des obstacles qu'elles présentent.

Par suite des vents d'ouest et du Gulf-Stream, tout notre littoral sur la Manche septentrionale, le Pas-de-Calais et la mer du Nord est un marais, en dépit des dunes que les plantations de joncs maritimes ne fixent qu'imparfaitement.

Dunkerque, Calais et Boulogne sont assujettis à des travaux incessants qui les laissent ouverts à la mer la plus fréquentée du monde et à la libre communication avec Londres, le plus grand port, le premier marché du globe.

Les falaises calcaires de Normandie qui présentent une muraille plus résistante le long de la Manche, se laissent cependant ronger par les flots. Elles s'écroulent annuellement sur une largeur d'un demimètre et fournissent abondamment de sables et de galets Dieppe, Fécamp et le Havre.

C'est sur cette côte que débouche la Seine, l'une de nos plus importantes voies de navigation intérieure.

Les rochers du Calvados, véritables plateaux sousmarins que recouvre la haute mer, sont encore plus inhospitaliers.

Puis le littoral redevient marécageux jusqu'aux falaises granitiques de Bretagne, difficiles à aborder.

Voilà pour cette mer dont l'importance commerciale fait la prospérité de notre grand port du Havre.

Sur l'Atlantique la situation est encore fâcheuse. Jusqu'à l'embouchure de la Vilaine se continuent les granits de Bretagne. Puis s'étend jusqu'à la Gironde, le rivage en pente douce où s'exploitent les marais salants; section remarquable par des oscillations qui se traduisent en exhaussements et abaissements de terrain. Bien que s'accomplissant avec lenteur, ce phénomène nuit à la sûreté dont la navigation a besoin. Au-dessous de la Gironde commencent les dunes de Gascogne, moins envahissantes que celles du Nord, depuis qu'elles nourrissent les pins maritimes qu'on y a plantés pour en arrêter la marche.

L'imperfection de cette côte parsemée d'étangs, battue par une mer que soulèvent des vents violents, n'a pas permis l'établissement d'un bon port.

De l'Adour à l'embouchure de la Bidassoa encore quelques sables, mais la côte se relève et fait pressentir l'approche des Pyrénées.

Le littoral de la Méditerranée nous est plus favorable, et nous savons déjà ce qu'il donne d'importance à cette mer.

Marseille, le premier de nos marchés maritimes, y compte vingt-cinq siècles d'existence et de prospérité commerciale.

Cependant la nature défectueuse des côtes de France n'est pas sans compensation. La position astronomique, l'altitude générale du sol, l'influence des mers, nous font un climat général favorable. Nos latitudes extrêmes 42°20' et 51°5' nous tiennent éloignés des froids persistants et des chaleurs excessives. La plus grande altitude, celle du Puy de Sancy des massifs du mont Dore, n'atteint pas 1900 mètres. Aussi les chaînes qui vont en s'abaissant jusqu'à la mer pour enceindre nos bassins fluviaux, n'ont-elles pas fait obstacle au sytème de canaux qui unissent les grandes voies de navigation. La viabilité générale du pays en est aussi la conséquence, ainsi que le climat sans excès de température.

En résumé, situation commerciale magnifique, résultant de la forme du contour, des mers, de la position géographique, de l'altitude et du climat. Il y faut ajouter la constitution géologique du sol.

CHAPITRE II

RICHESSE MINÉRALE DE LA FRANCE. — COMPARAISON AVEC LES ÉTATS EUROPÉENS

La France peut donc être riche et elle l'est en effet. Cependant sa richesse n'est pas telle qu'elle puisse se passer du secours de ses voisins.

Houille

En ce qui concerne les minéraux, si nous commençons par le plus utile, la *houille*, nous voyons la France venir bien après l'Angleterre et dépassée par la Belgique et l'Allemagne. L'Espagne prendra peut-être rang avant elle si elle vient à se trouver en situation de tirer parti de tous ses gisements ; la Russie n'a qu'à multiplier ses voies de communication pour nous donner la sixième place. Hors d'Europe, les États-Unis sont beaucoup plus riches qu'elle par leurs seules houillères des Alleghanies, et l'extrême Orient, par ses dépôts en Chine, nous surpassera un jour.

Or, la houille est « l'alpha et l'oméga de l'industrie », l'Angleterre lui doit sa fortune. Sa recherche est la première préoccupation des pays d'industrie, parce qu'elle fournit la chaleur, la lumière, la vapeur, la force et le mouvement.

Actuellement, notre production, qui augmente, est de quinze millions de tonnes. C'est une bien faible part des deux cents millions de tonnes que fournit le globe; c'est bien peu à côté des cent vingt-trois millions qu'on extrait des seules Iles-Britanniques.

La Belgique nous est bien supérieure. Sur une superficie qui vaut à peine le quart de la France, elle possède des puits qui lui fournissent autant de houille que les nôtres. L'Allemagne double notre production par ses trente-deux millions de tonnes.

Nous sommes donc pour sept millions de tonnes tributaires de l'étranger.

L'importation est principalement de provenance belge, par suite de la proximité des bassins de Mons et de Charleroy; par suite des qualités du combustible qu'ils fournissent et des voies de transport qu'il a été facile d'établir entre les deux pays.

L'Angleterre, malgré ses riches dépôts du Northumberland, du Cumberland et du pays de Galles, exporte à peine le dixième de ses houilles, tant la consommation est grande dans le pays même ; encore faut-il compter dans son exportation les houilles qui approvisionnent ses grands entrepôts de Gibraltar, Malte, Aden et Hong-Kong.

L'Allemagne nous envoie quelques houilles de Saarbrück. Elle se réserve celles du bassin de la Rhür et de la haute Silésie. Saint-Etienne rencontre sur les marchés de l'Est la concurrence de Saarbrück, concurrence qui ne disparaîtra ou ne s'affaiblira que par un abaissement des tarifs des chemins de fer français. Notre bassin de la Loire et celui du Gard perdront sans doute, faute de cet abaissement et d'une voie plus courte, le débouché de l'Italie, lorsque le Saint-Gothard sera complètement percé. Ce dommage ne sera évité que par la canalisation du Rhône, parce qu'il est toujours plus économique de diriger les marchandises encombrantes par les voies de navigation.

On aurait tort de chercher un facile remède à cette situation dans nos nombreux cours d'eau qui ne peuvent donner qu'une force motrice irrégulière, dans nos forêts qui ne sauraient durer longtemps. L'enquête ordonnée en 1873 par l'Assemblée nationale, sur les moyens d'accroître notre richesse, dit tous les grands intérêts attachés à la production de la houille.

Nous avons cependant douze bassins répartis entre six groupes d'extraction.

Le groupe du nord, avec les bassins de Valenciennes et de Béthune, possède encore d'amples provisions, surtout dans le bassin de Valenciennes. Anzin, Condé et Denain sont les principaux centres d'extraction.

Le groupe de l'est, avec les extractions de Ronchamp (Haute-Saône), apporte peu à la production totale.

Celui du centre approvisionne en partie les grandes usines métallurgiques : le Creuzot, Imphy, Decize, Commentry, etc. Le Creuzot donne une impulsion considérable à l'exploitation des puits de Decize et d'Epinac.

Les progrès des voies de communication contribueront à la mise en valeur des houillères du plateau central qu'on peut rattacher au groupe du centre, car la carte géologique montre le bassin de Champagnac (Corrèze) se poursuivant dans le Puy-de-Dôme et jusque dans l'Allier.

Le groupe de la Loire est des plus importants. Les Compagnies des mines de la Loire, des houillères de Saint-Etienne, de Saint-Chamond, de Rive-de-Gier, de la Péronnière et de Firminy, se partagent les bassins de Saint-Etienne et de Rive-de-Gier, qui fournissent presque toute l'exportation. L'Italie et une partie de la Suisse leur donnent une préférence que justifie la qualité du combustible.

Le groupe des Cévennes possède le bassin d'Alais, d'Aubenas, Bességes, Portes, Grand'Combe, Graissaissac, Milhau et Aubin. C'est là que s'approvisionnent les usines de Bességes, la Grand'Combe, etc.

Le groupe de l'ouest ne doit être cité que pour mémoire et pour avoir occasion de dire les efforts que l'on fait pour encourager l'exploitation de la houille dans cette région. En 1874, le Conseil général de Seine-Inférieure a voté une subvention éventuelle de cinq cent mille francs pour encourager la formation d'une compagnie normande de recherches. Actuellement, ce groupe ne compte que quelques exploitations aux environs d'Angers, Le Mans et Laval.

Nous profitons peu des gîtes de combustible souterrain d'autre formation. Ainsi, nous exploitons à peine les mines d'anthracite de Saint-Michel (Savoie), de La Mure (Isère) et celles qu'on trouve à Fresne dans les dépendances des puits d'Anzin.

Il serait bon qu'on s'appliquât à en tirer parti. Les Américains n'en ont pour ainsi dire pas d'autre. Nous trouverions dans l'emploi de ce charbon, le moyen de prolonger sérieusement l'existence de nos bassins houillers.

Le lignite ne s'exploite guère que dans le bassin de Fuveau, entre Aix et Marseille. Plusieurs départements ont des tourbières ; entre autres, le Nord, la Somme, l'Oise, les Vosges, l'Isère, la Loire-Inférieure et toute la basse vallée du Doubs.

Le commerce de la houille en France se chiffre, à l'importation, par huit millions de tonnes, dont 2.300.000 proviennent d'Angleterre, 4.500.000 de Belgique, et 1.200.000 d'Allemagne.

Notre exportation ne dépasse pas 350.000 tonnes.

Fer

Un minéral aussi important que la houille, c'est le fer, que la France possède en assez grande quantité pour être classée parmi les pays riches, bien que la qualité du minerai ne réponde pas toujours aux exigences de l'industrie. Il y a très-longtemps que la présence des minerais de fer a été constatée chez nous. César en parle dans ses commentaires. Il faut noter que la richesse, tout incontestable qu'elle est, ne nous empêche pas d'être tributaires de la Belgique, de l'Angleterre, de l'Espagne et de l'Italie. Mais nos importations sont plus un signe du grand développement de l'industrie métallurgique qu'une preuve de pauvreté.

On prévoit cependant le moment où la Belgique ne comptera plus parmi les grands marchés de fer.

De ses grands gisements, Charleroy, Namur, le Luxembourg et la province de Liége, le seul arrondissement de Namur, conserve une production normale. Dans tous les centres on constate un épuisement sensible, car l'excès de production, ou ce qui est synonyme, l'excès de spéculation, a affaibli le rendement de la matière première. Cet épuisement aura une conséquence fatale, surtout pour la province de Liége. L'industrie, réduite à aller chercher des minerais très-loin, cesse de se trouver dans des conditions normales de fabrication. Les hauts-fourneaux de cette province sont condamnés à disparaître.

En Angleterre, la production, qui atteint le chiffre élevé de 6.400.000 tonnes de fer, est surtout fournie par les gîtes des comtés d'York (Nord-Riding), Cornouailles, Lincoln, Cumberland, Lancaster, Glocester et du pays de Galles.

Malgré cette abondance, les fers suédois et norvégiens, qui conviennent si bien à la fabrication de l'acier, sont importés dans le Royaume-Uni.

L'Espagne, qui croit avoir mieux à faire que de traiter ses minerais de fer, laisse entre les mains des étrangers, des Anglais principalement, ses gisements de Biscaye, des Asturies et de la Gallice, les célèbres gîtes de Somorostro, ceux de Bilbao que M. Krupp, le grand industriel prussien, vient d'acheter. On trouve dans cette région septentrionale de la péninsule des minerais qui donnent jusqu'à 73 0/0 d'un fer excellent, dont la malléabilité et la ténacité sont assez grandes pour permettre de ferrer les chevaux à froid. Le centre de la presqu'île, les monts de Tolède et les chaînes adjacentes ne sont que minerai de fer.

Le fer d'Italie nous vient surtout de l'île d'Elbe, qui sur ses 50.000 tonnes de métal produites annuellement, nous fournit 20.000 tonnes environ. Les minerais sont remarquables par la facilité de fusion qu'ils possèdent. A ce centre s'ajoutent le val d'Aoste et le val de Camonica, puis la Sardaigne, appelée à devenir très-importante, si l'on continue à développer les voies de communication.

L'Allemagne a trop besoin de son fer pour l'exporter. Les mines de Dortmund, Essen et Bonn alimentent les cinquante hauts-fourneaux de cette région, où règne la fabrication des canons et autres engins de guerre. En y ajoutant les districts de Müsen et du Nassau, on arrive à 24 millions de quintaux de fer.

Les mines de la Styrie et de la Carinthie seraient un considérable appoint pour la richesse de l'Autriche, si les moyens de communication y étaient suffisants et le combustible minéral plus abondant.

Les mines de l'Oural, très-abondantes, sont bien éloignées pour valoir à la Russie les avantages de l'exportation en Europe. D'ailleurs, ce vaste empire n'y trouve pas la quantité qu'exigerait sa consommation.

On le voit, sauf l'Angleterre, l'Espagne, l'Italie et la Suède, peu de contrées peuvent nous fournir le fer. C'est aussi à ces marchés que nous nous adressons, mais la grande masse de l'importation est pour ainsi dire de provenance française, car elle nous est procurée par l'Algérie.

Nos régions d'exploitation, au nombre de neuf, fournissent environ 13 millions de tonnes de minerai. La région du nord ne possède que les mines placées dans le rayon d'Avesne. Il est regrettable qu'elle ne soit pas plus abondamment pourvue, le combustible se trouvant là assez répandu pour fournir sur place au travail du minerai.

Par une plus grande abondance, nous réaliserions sur ce point les conditions économiques que possède l'Angleterre pour l'exploitation de son fer.

Par la perte de l'Alsace-Lorraine, la région du nord-est a été diminuée des gisements de la Moselle, où se trouvaient les mines de Saint-Pancré, dont les fers passaient pour les meilleurs de l'Europe. Il nous reste celles de Framont (Vosges), malheureureusement abandonnées par suite du haut prix de revient, causé par l'éloignement de toute bonne voie.

La région de l'est comprend les mines de la Haute-Marne, le département le plus riche en minerais et en hauts-fourneaux. Les forêts des Argonnes et des Ardennes pourvoient au combustible. Tout un vaste banc de minerai comprend le sud de l'arrondissement de Langres et les parties voisines des départements de la Côte-d'Or et de la Haute-Saône. Châtillon-sur-Seine s'élève au milieu d'un vaste bassin d'exploitation. On rattache à cette région les fers de Change, près d'Epinac, les seuls fers indigènes employés par le Creuzot qui s'approvisionne en Algérie et à l'île d'Elbe. La région du centre est une des plus importantes par sa production, qui est à peu près le cinquième de la production totale, et par sa position. Cette position est en effet des plus avantageuses entre les grandes forêts du nord et les houillères du sud. Aussi l'extraction y a-t-elle pris un développement considérable qui a favorisé au plus haut point la création de grandes usines. Un des plus riches départements est celui du Cher; mais il a perdu depuis que le Creuzot importe des minerais étrangers.

Vierzon est situé au nord du grand bassin qui dans la direction nord-est, sud-ouest, pénètre jusque dans l'Indre, près d'Issoudun.

La région du sud-est ne renferme que quelques rares gîtes dont les minerais alimentent un petit nombre de hauts-fourneaux. Ce sont ceux de la chaîne Bel-la-Donne, près d'Allevard, et de Vizille, près de Grenoble; ceux de Saint-Georges d'Hurtières, près Aiguebelle (Savoie), et de Modane à proximité du tunnel des Alpes.

La région du sud s'étend sur les Cévennes et comprend particulièrement la section du Vivarais. C'est aux environs de La Voulte et de Privas que se trouvent nos principaux bassins d'oxyde rouge. Ces deux couches, dont le rendement moyen s'élève à 42 0/0 de métal, fournissent ensemble près de 300,000 tonnes par an. Près de Bességes sont encore les mines du Travers, malheureusement exposées aux ravages des eaux.

Dans les Pyrénées on exploite le fer à Vic-Dessos (sur le Vic-Dessos, affluent rive gauche de l'Ariége), à Bélestat, au sud de Mirepoix, et dans le val de Cal, au lieu Mas-Carol. Les minerais excellents sont exportés en Catalogne.

La région du sud-ouest comprend les Landes, le Lot et le Périgord. C'est par son mélange avec le sable et l'argile que l'oxyde de fer constitue dans les Landes un sous-sol imperméable.

Au nord-ouest sont les faibles mines du Maine, de l'Eure et de l'Orne.

Ainsi le fer se trouve en quelque sorte distribué sur le territoire français presque entier, et comme c'est un métal d'un usage général, on a cherché à l'obtenir partout où se trouvaient les éléments de sa fabrication. Les anciennes petites forges au bois étaient dispersées sur presque tous les points de la France. Depuis 1819 la houille a peu à peu remplacé le combustible végétal. A cette époque nous avions déjà deux cents hauts-fourneaux. Actuellement nous en possédons 4.300, en comptant les annexes, forges, feux d'affinerie, fours et laminoirs. Ces établissements livrent au commerce 2 millions 1/2 de tonnes de produits, consistant en fontes de diverses sortes, fers, rails, tôles, fils de fer, etc.

Nous ne pouvons citer ici que les plus importants de ces établissements.

La société des mines et fonderies du Creuzot offre dans ses vastes ateliers, groupés dans une seule et gigantesque usine, un des plus puissants établissements métallurgiques du monde entier. Elle fabrique annuellement plus de 100.000 tonnes de rails, auxquels il faut ajouter des fers, des tôles, des machines de toute nature, plus spécialement des locomotives et des machines pour la marine. Cette vaste usine est placée sous la direction de M. Schneider.

La société des forges de Châtillon et de Commentry comprend plusieurs usines, situées dans la Côte-d'Or, l'Yonne, l'Aube, la Haute-Marne, le Cher et l'Allier. Les fers laminés, les fers blancs et les pointes de Paris forment les principaux éléments de sa fabrication. Depuis quelques années elle fait aussi des plaques de blindage.

La compagnie des forges d'Audincourt possède plusieurs usines situées dans les départements du Doubs, de la Haute-Savoie et de la Seine. Elle en possédait aussi dans le département du Haut-Rhin, plusieurs qui se sont séparées d'elle par suite d'un traité passé avec les usines métallurgiques de Graffenstaden, près Strasbourg. Cette compagnie maintenait autrefois un assez grand nombre de hauts-fourneaux au bois, mais elle en a réduit de beaucoup la quantité, trouvant plus avantageux d'acheter les fontes au bois de la Haute-Marne, et les fontes au coke de la Loire. Elle fabrique surtout des tôles fines et des fils de fer, dont la supériorité a créé la renommée des forges d'Audincourt, le principal centre. La production totale de ces forges atteint 10.000 tonnes.

La société anonyme des forges de la Franche-Comté à Dôle, maintient en activité cinq hauts-fourneaux au charbon de bois et trente-cinq feux d'affinerie. Les produits de sa fabrication sont le matériel fixe des chemins de fer, les tôles fines, les pointes de Paris et les fils pour les câbles et pour la télégraphie aérienne et sous-marine. Ce sont les forges de la Franche-Comté qui ont fourni les parties les plus résistantes, celles destinées aux grandes profondeurs, du câble entre Brest et les États-Unis.

La société de Montataire (Oise) comprend les hauts-fourneaux d'Outreau (Pas-de-Calais), avec les forges de Montataire. Ce dernier établissement a été spécialement installé pour la fabrication des tôles, dont il produit environ 15.000 tonnes par an, et des bandages de roues laminées.

Depuis une dizaine d'années, il y a à Longwy, (Meurthe-et-Moselle) des hauts-fourneaux au coke pour la fabrication des fontes de moulage.

Les forges de Denain et d'Anzin, placées sur les houillères de ce nom, mais à une assez grande distance des minerais, se sont principalement attachées à la fabrication des fers au coke de grande consommation, tels que fers marchands, rails, tôles pour ponts et tôles pour chaudières. Ces usines fournissent une partie notable des fers employés dans les départements de la Seine et de Seine-et-Oise. Leur production annuelle s'élève à 40.000 tonnes de fer environ.

La société Boigues-Rambourg et Cie possède dans le Cher, l'Allier et la Nièvre, plusieurs établissements métallurgiques importants, tels sont les forges de Fourchambault qui affinent et transforment en fers marchands une partie des fontes fabriquées à Montluçon.

Les forges de Maubeuge s'occupent surtout de la fabrication des objets de fonte moulée, des rails et des fers spéciaux qui entrent dans la construction des édifices et des ouvrages d'art.

La société de Terrenoire, la Voulte et Bességes fabrique annuellement 110.000 tonnes de fontes brutes et moulées, et 50.000 tonnes de fer, rails et tôles. Elle fait aussi, dans ses forges de Terrenoire, de l'acier fondu, par la méthode de Bessemer.

La métallurgie comprend encore la fabrication de l'acier qui a fait des progrès considérables en France. Plusieurs sociétés ont pris cette spécialité. Les principales sont celles de Terrenoire, Châtillon-Commentry, Imphy, Petin-Gaudet et Cie, à Saint-Chamond. Le procédé Bessemer a pris une assez grande extension et fait fonctionner dans les sociétés que nous venons d'indiquer sept paires de convertisseurs.

La société Terrenoire, la Voulte et Bességes est, industriellement parlant, une des mieux situées de France. En effet, l'usine de Terrenoire est établie près des houillères et sur le chemin de fer. Elle possède les moyens de production les plus considérables. C'est la première usine de France qui se soit décidée à porter directement la fonte du haut-fourneau dans le convertisseur Bessemer. Elle produit

2.000 tonnes par mois. Elle a grandement développé la fabrication des rails en acier et des tuyaux en fonte ; ces derniers sont fournis en quantité de 15.000 tonnes par mois par la Voulte et Bességes.

MM. Petin-Gaudet et Cie sont maîtres de forge, fabricants d'acier et constructeurs. Leur production dépasse en acier celle de la compagnie de Terrenoire. La société d'Imphy est celle qui produit le plus ; celle de Châtillon-Commentry tient le dernier rang.

Après les mines de fer nous ne possédons presque plus d'autres métaux. Il faut du moins compter pour très-peu de chose les quelques gîtes de cuivre, de plomb et de zinc que l'on rencontre çà et là.

Cuivre

Nos anciennes mines de cuivre de Chessy et Sain-Bel, près Lyon, ne sont plus exploitées que pour les masses de pyrite de fer qu'elles renferment et qu'on emploie à la fabrication de l'acide sulfurique.

Le cuivre est d'ailleurs de plus en plus rare en Europe. L'Angleterre, grand marché de ce métal, ne tire plus un produit suffisant de ses mines des Cornouailles et du Devon. Pour conserver le monopole de ce commerce, elle a recours aux mines du Chili et de l'Australie. Cependant nous enregistrons annuellement pour 4 millions 1 2 de francs de cuivre en barre, provenant directement du Chili, mais c'est peu sur les 62 millions de francs qui expriment la valeur de l'exploitation du cuivre chilien.

La Russie offre bien encore quelques ressources par ses gîtes de l'Oural, qui fournissent 4 millions de kilogrammes de cuivre, mais l'Angleterre absorbe tout ce que ne consomme pas la monnaie d'Ekaterinbourg et la fabrique de bronzes de Saint-Pétersbourg.

L'Espagne cherche à faire produire les mines de cuivre de Rio-Tinto ; mais l'État, qui en est propriétaire, a besoin des capitaux étrangers, et la situation politique du pays est peu faite pour les attirer.

La Suède possède la mine de Falun, assez considérable pour avoir occasionné la construction d'un chemin de fer destiné au transport de ses produits.

Les mines de Chessy et Sain-Bel se sont rapidement épuisées, car il y a dix ans, on en tirait encore 200 tonnes de cuivre de cémentation.

Nous pouvons encore citer l'extraction qui se fait dans le département du Var, au cap Garonne, près de Toulon, ainsi que celle qui a été interrompue dans le département de l'Hérault. Une société anglaise était devenue propriétaire de la concession (Villecelle); mais les travaux ont été suspendus parce qu'ils menaçaient de compromettre des sources thermales voisines (Lamalou).

Cependant la fabrication du cuivre s'opère dans onze de nos départements : Haute-Garonne, Vaucluse, Var, Sarthe, Orne, Eure, Eure-et-Loir, Seine-et-Marne, Seine-Inférieure, Ardennes et Pas-de-Calais.

La production totale s'élève à 270.000 quintaux métriques de cuivre et laiton, tandis que la consommation atteint 425.000 quintaux métriques.

Les centres principaux de fabrication du métal brut sont : Arras, Romilly (Eure), Toulouse, Avignon, Septimes (Bouches-du-Rhône).

Plomb

Nous consommons 502.000 quintaux de plomb, et nos usines n'en fournissent que 236.000 quintaux. Huit de nos départements ont des fonderies de plomb : Puy-de-Dôme, Isère, Lozère, Gard, Bouches-du-Rhône, Loire-Inférieure, Seine-Inférieure et Pas-de-Calais. Les principaux centres de cette industrie sont : Marseille, le Hâvre et Rouen, alimentés en grande partie par l'importation. Marseille tient de beaucoup le premier rang, et nous verrons, en étudiant le commerce de ce port, que les importations et exportations de plomb ont une importante place. Le plomb s'exploite notamment à Pongibaud (Puy-de-Dôme), à Vialas (Lozère), et à l'Argentière (Hautes-Alpes).

De nombreuses contrées d'Europe peuvent nous approvisionner.

Au premier rang, l'Espagne : Carthagène, Malaga, Murcie, ont des mines d'une grande richesse. L'Andalousie en renferme dans presque toutes ses montagnes ; mais le manque de combustible rend l'exploitation coûteuse. On peut évaluer à 1 million de quintaux le poids de la galène argentifère exploitée dans la péninsule. Les mines de Carthagène sont d'une richesse exceptionnelle. Jusqu'ici elles ont été exploitées par des Anglais et des Français. Dans le sud, près de Malaga, la célèbre famille de Neredia, qui exploite un certain nombre de mines de galène, en a retiré de si énormes bénéfices, qu'elle passe pour une des plus riches familles du monde.

En Angleterre, la galène argentifère est exploitée sur un grand nombre de points. On en compte 336 mines, réparties entre 21 comtés, parmi lesquels Northumberland et Durham au premier rang.

La Belgique tire le plomb argentifère de Bleyberg, près Verviers.

L'Allemagne en a de nombreux gisements. On cite particulièrement ceux du Hartz et les mines de Freyberg, en Saxe.

La Sardaigne concourt avec l'Espagne à l'importation de Marseille. On connaît ses riches mines de Monte-Poni.

Nous n'avons pas d'autres métaux.

Nous demandons le zinc à la Belgique et à l'Allemagne, l'étain à l'Angleterre et à l'Espagne. Cette dernière contrée nous fournit le mercure de ses mines d'Almaden, que M. de Rothschild exploite en attendant le remboursement des fonds qu'il a avancés au Trésor espagnol. Ces abondantes mines de mercure ont presque arrêté l'exploitation de celles d'Idria (Autriche), mais les exploitations de New-Almaden (Californie) leur font une redoutable concurrence.

Mais si nous manquons des métaux autres que le fer, les minéraux proprement dits : pierres de construction et d'ornement, roches calcaires, sels et eaux minérales, abondent.

Roches

Les carrières de pierres de taille sont très-nombreuses. Les environs de Paris possèdent cette pierre blanche qui se répand de plus en plus dans la construction des édifices somptueux, par suite de la facilité avec laquelle elle se prête à tous les travaux de goût et d'ornementation.

La Manche et le Calvados fournissent les granits dont la dureté convient aux constructions de grande solidité, ponts, murs, etc.

Dans le voisinage de ces carrières se trouvent celles des îles Chausey, dont le granit est presque exclusivement destiné aux trottoirs et au pavage de Paris.

Plus près de nous on cite les carrières de Couzon, sur le chemin de fer de Lyon à Villefranche, et celles de Villebois (Ain), dont le transport alimente une partie du trafic du Haut-Rhône.

La pierre meulière provient de la Ferté-sous-Jouarre (Seine-et-Marne), dont les meules sont l'objet d'une exportation considérable jusque dans les pays éloignés. On en tire aussi des carrières de Meulan (Seine-et-Oise), de Saint-Fargeau (Yonne), de Lesigny (Creuse).

Nous exploitons encore en carrière les ardoises d'Angers, de Châteaulin (Finistère), de Fumay (Ardennes) et de La Chambre (Savoie).

Le Luxembourg belge est à peu près le seul pays

dont la richesse en ardoisières soit comparable à la nôtre ; mais comme il manque de voies de communication, nous sommes un peu à l'abri de sa concurrence au moins sur le marché intérieur, car l'exportation de ce produit n'est pas encore considérable ; mais il est depuis quelque temps l'objet de travaux dont le fini et le goût appelleront la demande.

Parmi les pierres de construction il faut aussi compter le marbre que la France exploite, principalement dans ses carrières de Boulogne (Pas-de-Calais), Maubeuge (Nord) et Givet (Ardennes), qui lui donnent les marbres gris de consommation ordinaire, de Laveline (Vosges), qui fournit des marbres blancs, de Campan (Hautes-Pyrénées) dont les marbres verts sont abondants, au point que dans le pays on en prend la plus grande partie comme pierres de construction, d'Orthez (Basses-Pyrénées), aux marbres jaunes, teintés de rouge, et de Sablé (Sarthe), d'où viennent les marbres noirs.

Nous ne possédons pas de marbre statuaire. L'Italie nous vend son marbre blanc de Carrare. La proximité de ce marché, la pureté des blocs et leur volume ont fait diminuer notre importation de Paros, qui n'a jamais fourni que des blocs de volume restreint.

Les calcaires exploités, plâtre, craie, chaux, forment des carrières abondantes; le plâtre, aux environs de Paris et dans la Bourgogne (Saône-et-Loire), la craie à Meudon (Seine) et dans la Champagne, à Troyes surtout ; la chaux très-répandue sort en grande quantité des fours de Château-Landon (Seine-et-Marne), la Roche (Yonne), Essonne et Bougival (Seine-et-Oise); enfin le ciment employé de plus en plus dans les constructions, où il remplace souvent la pierre, se rencontre en de nombreuses carrières, principalement à Boulogne (Pas-de-Calais), Saint-Dizier (Haute-Marne), Pouilly (Côte-d'Or), Moissac (Lot) et Virieux-le-Grand (Ain).

L'argile est très-commune en France, ainsi que le sable. Le kaolin, matière première de la porcelaine, forme des filons à Saint-Yrieix (Haute-Vienne), dans la Manche, l'Allier, le Cher et la Nièvre.

L'abondance de toutes ces roches, dont la plus grande partie alimente l'industrie des produits chimiques qui les transforme, nous dispense de recourir à nos voisins.

Sel

Le sel, ce corps indispensable à l'agriculture et qui reçoit de si nombreuses applications dans l'économie domestique et les arts industriels, est très-répandu dans les eaux de l'Océan qui le rendent par évaporation, et dans le sein de la terre où il forme les mines de sel gemme.

Nos salines fournissent environ 8.200.000 quintaux de sel et sont établies sur le rivage de l'Atlantique, entre le golfe de Morbihan et l'estuaire de la Gironde ; sur les côtes de la Méditerranée, entre l'embouchure de l'Aude et les Bouches-du-Rhône.

Le département de la Charente-Inférieure fournit à lui seul 2 millions de quintaux, celui des Bouches-du-Rhône 1 million 1/2.

Nous ne possédons plus de mines de sel gemme que celles de Varangeville et Rozières, près Nancy, de Salins (Jura). Avec la Lorraine ont été perdues pour nous les riches mines de Château-Salins, Dieuze et Vic.

Notre commerce d'exportation rencontre une grande concurrence dans les salines d'Espagne (rade de Cadix, marais salans d'Iviçà, les Alfaques, embouchure de l'Ebre, lac salé de Torre Vieja, dans la province d'Alicante).

Le Portugal est avec l'Espagne le centre d'approvisionnement des importantes pêcheries de Norwége. Son sel de Sétubal est d'une blancheur remarquable. Les produits de la pêche trouvent dans l'emploi de ce sel, qui n'en altère pas la couleur, une plus-value de 2 0/0.

L'Angleterre a aussi de nombreuses salines le long de la Mersey.

L'Allemagne s'approvisionne à ses mines de sel gemme de Vieliczka, près de Cracovie.

L'Italie exploite surtout ses salines d'Ostie et de Venise.

Les autres puissances possèdent toutes du sel en quantité variable, mais leurs exploitations n'ont pas la valeur de celles que nous venons d'indiquer.

Eaux minérales

Il n'y a pas de pays qui l'emporte sur la France, pour l'abondance et la variété des sources minérales. Quelques-unes de nos stations sont visitées par les malades des deux mondes. Nous restons les premiers malgré l'Allemagne et la Suisse. De nos 78 stations d'eaux minérales et thermales, les plus importantes sont : Vichy (Allier), Vals (Ardèche), Aix-les-Bains, Saint-Gervais, Evian (Savoie), Bagnères-de-Bigorre, Barèges, Cauterets, Saint-Sauveur (Hautes-Pyrénées), Enghien (Seine-et-Oise), Mont-Dore, Royat (Puy-de-Dôme), Bagnères-de-Luchon (Haute-Garonne), Eaux-Bonnes (Basses-Pyrénées), Contrexéville (Vosges), Bourbonne-les-Bains (Haute-Marne), Uriage et Allevard (Isère), Saint-Galmier (Loire) et dans la région lyonnaise la petite station de Charbonnières.

L'Allemagne, très-abondamment pourvue, nous oppose entre autres stations remarquables : Ems, Wiesbaden, Carlsbad, Baden-Baden, Aix-la-Chapelle, etc.

La Suisse, non moins riche, compte parmi ses principales sources : Baden, Schinznach, Louèche, Saxon, Lavey, Yverdon, Blumenstein, Saint-Moritz, etc.

CHAPITRE III

RICHESSES AGRICOLES DE LA FRANCE

La situation géographique, le contour, le climat et tous les autres éléments de la richesse n'ont qu'une faible influence sur les productions dont nous venons de parler. La situation géographique peut en modifier l'importance en ce qui concerne les débouchés qu'elles peuvent trouver ; le contour influera de la même façon, suivant la nature des limites ou maritimes ou continentales. Mais il n'en est plus de même pour les productions agricoles qui dépendent moins de la constitution géologique, quoiqu'elles en soient tributaires dans une certaine mesure, que des éléments géographiques proprement dits.

Au point de vue agricole, la France n'a rien à envier aux autres puissances, et sa richesse est assez grande pour occuper dix-huit millions d'hommes aux travaux de la terre, bien que, de pays essentiellement agricole, la France devienne de plus en plus un pays industriel. Cette transformation a pour cause principale le développement des routes, canaux, chemins de fer et voies de communication de toute sorte, mais surtout l'abolition des droits d'entrée de la matière première qui, sans entrave, alimentent immédiatement les grandes industries.

Elle a eu pour résultat l'intime liaison entre l'agriculture et l'industrie. L'agriculture donne ses produits à l'industrie qui, appliquée à l'agriculture, augmente les produits dans une proportion qu'on ne connaissait pas autrefois. Malgré cette union intime, l'agriculture n'a pas marché comme l'industrie qui a fait de grands pas, grâce à son capital, à ses machines perfectionnées et à la liberté du travail.

Plusieurs causes ont arrêté la marche de l'agriculture, nous citerons les plus importantes :

La première, qui est une des plus funestes, ne sera qu'indiquée : ce sont nos révolutions de 1830, 1848 et 1870. Au nombre des responsabilités que ces révolutions doivent supporter, se trouvent les charges qu'elles imposent à l'agriculture qui doit, pour une large part, réparer les désordres et les destructions qui suivent les jours de trouble.

La deuxième cause est l'insuffisance des voies de transport à grandes distances et à bon marché. Ce n'est pas qu'on n'ait beaucoup fait à cet égard ; mais la loi de 1836 et celle de 1868 qui nous ont donné un réseau de chemins vicinaux unissant toutes les communes au chef-lieu, sont arrivées un demi-siècle trop tard. Or, le bon marché et la facilité de transport comptent parmi les conditions essentielles de la prospérité agricole et industrielle d'un pays.

La troisième cause réside dans la décroissance de la population rurale. Cette décroissance doit être attribuée d'abord aux guerres qui épuisent le pays en hommes, puis à l'émigration des agriculteurs vers les villes, où ils trouvent des salaires élevés que ne peut donner le fermier.

Enfin, la quatrième cause de notre situation agricole réside dans le non-emploi ou la rareté des machines agricoles qui font la fortune des exploitations étrangères, réalisant, par ce moyen, de fortes économies de bras et de temps.

Ainsi, tandis qu'en France la population agricole est encore près de 50 0/0 de la population totale, en Angleterre, la proportion est réduite à 20 0/0, aux Etats-Unis à 12 0/0.

Il ne faut pas déduire des considérations précédentes qu'il n'y a pas eu progression dans le rendement de l'agriculture. Cette progression, il est vrai, n'est pas en harmonie avec les progrès dus à la science agricole, aux machines perfectionnées et à la meilleure appropriation des engrais naturels et artificiels ; elle est accusée néanmoins de la manière suivante :

Les produits nets de l'agriculture qui représentaient en 1789, 2.600 millions de francs, étaient de 3 milliards en 1815, de 5 milliards en 1850, et de 7 milliards en 1870.

L'ensemble de nos richesses agricoles est ordinairement bien représenté par la division du sol français en zones et en régions de culture.

Les zones marquées par les limites de la grande culture des quatre végétaux, pommier, vigne, maïs, olivier, n'ont rien d'absolu quant aux plantes qui les déterminent Elles indiquent simplement qu'entre leurs limites, la plante considérée domine. Telle culture, en effet, peut se rencontrer dans la zone d'où elle est exclue en grande culture, par suite d'une exposition particulière d'où résulte un climat convenable, par suite aussi d'une composition chimique qui fournit les éléments nécessaires à la nutrition d'un autre végétal.

Le tableau de notre agriculture serait donc incomplet avec la seule base des zones. On complète cette division par celle des régions de culture et des pays qui en dépendent.

Les unes et les autres ont d'ailleurs été déterminées par diverses influences que nous faisons connaître ci-après, en différents extraits de la notice qui accompagne la carte agricole de M. Delesse, ingénieur en chef des mines :

« 1° Climat. — Le premier rang doit incontestablement être réservé au climat ; car les plantes agricoles qui servent soit aux usages de l'homme, soit à sa nourriture et à celle des animaux qu'il élève, ont besoin, pour se développer, de certaines conditions climatologiques et en particulier de chaleur. Quoique dans son ensemble, la France soit admirablement partagée sous le rapport du climat, il existe d'assez grandes inégalités entre le nord et le sud de notre pays. C'est dans le sud que la culture donne les résultats les plus avantageux : Ainsi sur les côtes de la Provence, notamment aux environs d'Hyères et de Nice, l'hectare se loue quelquefois plus de 400 francs ; cultivé en primeurs et en plantes servant à obtenir des parfums, il peut rapporter au-delà de 10.000 francs en une seule année. Dans le nord, la chaleur est bien suffisante pour les céréales et pour les principales plantes industrielles ; généralement le blé y produit même par hectare un nombre plus grand d'hectolitres ; en outre, par cela même que le climat y est humide et non pas sec comme dans le sud, les récoltes y sont plus régulières, le bétail plus nombreux, l'agriculture plus avancée, en sorte que le revenu de la terre s'y maintient à un chiffre plus uniformément élevé.

« Dans le fond des bassins hydrographiques, dans les vallées, dans les plaines basses ou hautes, les plantes ainsi que les animaux et l'homme lui-même, trouvent plus de chaleur et de meilleures conditions climatologiques ; par suite, les terres y donnent un grand revenu.

« Mais, à mesure que l'altitude augmente, la chaleur diminue et les cultures deviennent de plus en plus précaires et difficiles ; à certaines hauteurs, la rigueur du climat les rend même tout à fait impossibles.

« En s'élevant du pied sud des Alpes vers leur sommet, on passe successivement des riches cultures des climats chauds aux maigres récoltes des climats septentrionaux, puis à la stérilité des régions arctiques et même aux neiges éternelles. L'exposition du sol contribue d'ailleurs beaucoup à modifier la température moyenne et par suite les conditions de la culture. Tandis qu'une exposition sud augmente la température, une exposition nord tend à la diminuer. L'influence de l'exposition se fait sentir non-seulement dans une même localité, mais jusque dans les limites d'un champ. Elle est bien marquée dans le val de la Loire, lorsqu'on compare le coteau qui regarde le nord à celui qui regarde le sud. Le climat, relativement si chaud de la France méditerranéenne, doit en grande partie être attribué à ce qu'elle s'étend sur les versants méridionaux des Alpes et du plateau central.

« Bref, le climat dépend non-seulement de la latitude, de l'altitude, de l'exposition, mais encore du régime des vents et des pluies, ainsi que du régime des courants marins et de la distance à la mer.

« 2° Nature de la terre. — Après le climat, la nature de la terre exerce, comme l'a montré M. A. Burat, le plus d'influence sur le rendement des cultures ; il faut, du reste, tenir compte à la fois de ses propriétés physiques, ainsi que de sa composition minéralogique et chimique.

« Les propriétés physiques de la terre, particulièrement sa proportion d'argile, règlent d'abord la facilité avec laquelle elle se laisse travailler ; elles règlent aussi son aptitude à retenir les eaux et les autres substances qui sont utiles à la nutrition des végétaux. Toutefois, la terre devient ingrate quand elle est presque exclusivement composée d'argile, comme dans les Dombes, et sur les marnes irisées de la Lorraine. Elle devient plus ingrate encore quand elle est composée de sable quartzeux, comme dans les Landes, dans la Sologne et dans la Brenne, ou bien de cailloux siliceux, comme dans la Crau. Un sol rocheux ou très-pierreux, comme celui des garigues du midi de la France, est également très-défavorable.

« La composition minéralogique et chimique de la terre contribue beaucoup à la rendre fertile ou infertile. Dans le fond des bassins et des vallées, la terre, par cela même qu'elle est formée des débris de roches très-variées, se trouve généralement pourvue de chaux, de potasse, d'acide phosphorique et des autres substances nécessaires aux récoltes. De plus, elle est riche en humus, que les eaux entraînent facilement et tendent à accumuler, surtout vers la partie inférieure des bassins. Elle est meuble, poreuse, convenablement humide et facile à travailler. Par ces divers motifs, on conçoit donc que son revenu soit généralement élevé.

« Au contraire, une terre végétale qui ne sera pas suffisamment pourvue de toutes les substances nécessaires aux plantes agricoles devra nécessairement donner un faible revenu ; telle est, par exemple, celle qui résulte de la désagrégation de roches granitiques dans le plateau central, dans la Bretagne, dans la Vendée et à Belle-Ile ; celle qui provient des schistes, comme dans une partie de la Bretagne, de la Vendée, de la montagne Noire et des Pyrénées ; celle qui est formée par la craie blanche de la Champagne ; celle des calcaires pierreux dans la Bourgogne, dans les Causses, ainsi que dans les garigues du Languedoc et de la Provence ; celle des sables siliceux du grès vosgien des environs de

Fontainebleau et d'Ermenonville, de la Sologne et surtout des Landes.

« Il importe d'ailleurs de tenir compte non-seulement de la nature du sol, mais encore de celle du sous-sol ; car ce dernier exerce aussi une influence très-marquée sur la fertilité de la terre, et par suite sur son revenu. Le sous-sol agit même par sa composition chimique ; en effet, les plantes à racines profondes vont y puiser leur nourriture et les diverses substances qu'il renferme se dissolvent plus ou moins dans les eaux souterraines qui l'imbibent.

« 3° Humidité. — L'état d'humidité de la terre exerce aussi une très-grande influence sur sa fertilité. Il faut que la terre soit pourvue, en toute saison, de l'eau nécessaire au développement des plantes agricoles ; il faut, en outre, que cette eau puisse s'écouler facilement, condition qui est réalisée lorsque le sol se trouve légèrement en pente, ou bien lorsque le sous-sol étant perméable, son drainage s'opère naturellement.

« Quant à l'eau elle-même, elle peut provenir, soit de l'atmosphère, de la pluie et des rivières, soit des nappes souterraines. Dans la Flandre, dans la haute et la basse Normandie, dans le Cotentin, sur les côtes de Bretagne et de Saintonge, et en général sur le littoral océanique ou même méditerranéen, l'humidité résultant du voisinage de la mer contribue beaucoup à élever le revenu de la terre.

« Dans les vallées et dans le fond des bassins, l'humidité de la terre est entretenue non-seulement par les rivières et par les eaux superficielles, mais encore par les nappes souterraines. Ces dernières sont, en effet, à une très-petite profondeur, en sorte que, par capillarité, elles imbibent facilement la terre, qui est habituellement formée par le terrain de transport et par suite essentiellement poreuse ; elles l'imbibent en toute saison, et, pendant la saison chaude, leur ascension est même provoquée par l'évaporation plus rapide qui se produit à la surface du sol. Cette humidité est en partie la cause du grand revenu que donne la terre dans les vallées et dans le fond des bassins hydrographiques, arrosés par nos fleuves, la Seine, la Loire, la Garonne et le Rhône ; car les nappes d'eau superficielles ou souterraines tiennent en dissolution les diverses substances qui sont utiles au développement des plantes agricoles.

« Du reste, l'humidité souterraine d'une terre végétale dépend aussi de sa composition minéralogique, particulièrement de sa richesse en humus et en argile ; mais c'est surtout le sous-sol qui contribue à la régler. Quand le sous-sol est perméable, il laisse lentement filtrer les eaux qui sont alors soumises à un drainage naturel.

« Quand le sous-sol est imperméable, au contraire, il peut retenir les eaux lors même que le sol les laisse très-facilement filtrer, et, s'il n'est pas en pente, il entretient trop d'humidité. C'est l'effet que produit l'argile sous le sable de la Sologne.

« 4° Épaisseur. — La fertilité d'une terre végétale est en rapport avec son épaisseur; car, plus cette épaisseur est grande, plus les plantes agricoles trouvent facilement les substances qui leur sont nécessaires. C'est encore ce qui a lieu quand bien même cette terre est relativement pauvre en principes nutritifs. On constate que la terre végétale a généralement une grande épaisseur dans le fond des vallées et des bassins. Dans les vallées, elle s'accroît sans cesse par les dépôts résultant des inondations, par les éboulements des parois et par les débris que laissent les plantes et les animaux.

« Dans les bassins, qu'ils soient dans des plaines ou sur des plateaux, qu'ils soient secs ou bien arrosés par des cours d'eau, la terre végétale s'accroît par les dépôts de l'atmosphère, par les poussières, par la désagrégation des roches encaissantes et par l'action des pluies.

« On s'explique donc pourquoi les terres donnant un revenu élevé suivent les vallées de nos fleuves et de nos rivières, ou bien s'étalent dans les parties basses de nos bassins.

« 5° Pente. — La pente du sol exerce encore beaucoup d'influence sur le revenu de la terre ; en effet, lorsqu'elle est forte, la terre végétale dès qu'elle se forme, ne tarde pas à être entraînée par les pluies et par les eaux courantes, qui l'accumulent sans cesse dans le fond des vallées et des bassins. On conçoit, par suite, que le revenu soit très-faible sur les flancs inclinés du plateau central des Cévennes et surtout des Alpes.

« Dans le midi de la France notamment, les pluies étant plus abondantes que dans le nord et tombant sur un sol desséché et pulvérulent, causent par cela même, des ravages plus grands ; aussi les surfaces restant incultes par suite de l'absence de terre végétale y sont-elles plus étendues. La Provence offre même à cet égard le contraste le plus frappant entre la richesse de la plaine et la stérilité de la partie montagneuse. D'un autre côté, dans les Alpes, les torrents rongent les flancs des montagnes et empêchent toute culture dans certaines parties.

« En définitive, partout où il existe une forte pente, la culture de la terre présente toujours de grandes difficultés, et souvent elle cesse d'être possible à la charrue. La terre elle-même est entraînée, et il devient nécessaire de la maintenir par des murs en pierres sèches, comme on le fait notamment dans la partie montagneuse du midi de la France, ou bien par des enclos boisés comme ceux qui entourent les champs dans la Bretagne.

« 6° Conditions économiques. — La production dépend aussi de tout un ensemble de conditions économiques. Plus la population est dense dans une région, plus toutes choses égales, la terre y acquiert de valeur ; c'est bien marqué autour de nos grands centres de population comme Paris, Lyon, Marseille. Dans le voisinage des villes et même des villages, la terre est habituellement cultivée en jardins, dont le revenu très-variable devient souvent triple de celui des terres arables. Quand elle est soumise à la culture maraîchère, son revenu peut quelquefois s'élever à plusieurs milliers de francs. Alors elle est abondamment pourvue d'engrais qui sont fournis par les hommes ou par les animaux, et qui contribuent à entretenir sa fertilité; de plus, ses produits sont recherchés par de nombreux consommateurs. On conçoit donc qu'il existe une relation intime et des plus directes entre le revenu de la terre et la population.

« Lorsque la terre se trouve à proximité d'un cours d'eau navigable, de canaux, de routes, de chemins de fer, et en général, de voies de communication, son revenu tend nécessairement à augmenter; car elle présente de très-grandes facilités soit pour recevoir des engrais, soit pour transporter les récoltes.

« La proximité de la mer constitue surtout un grand avantage; outre qu'elle permet les échanges rapides avec les pays les plus éloignés, elle entretient une humidité favorable à toutes les cultures ; de plus elle fournit des engrais végétaux, animaux et minéraux ayant une grande richesse. C'est à la mer qu'il faut attribuer le revenu élevé qu'atteint le littoral nord et ouest de la France, au moins dans les régions comme la Bretagne et le Cotentin, où le sol est généralement privé de chaux, où les engrais de mer peuvent arriver économiquement, et où la proximité des côtes méridionales de l'Angleterre permet une exportation facile des produits agricoles.

« La terre la plus fertile, lorsqu'elle est dans une région peu peuplée, montagneuse ou d'un accès difficile, ne peut donner qu'un revenu très-faible ; c'est bien visible pour les parties élevées des Alpes, des Pyrénées, des Vosges, ainsi que pour le Morvan et pour le haut du plateau central (Creuse et Lozère).

« Remarquons enfin que la production dépend encore beaucoup de son mode de culture et de ses assolements. Pour une même plante, on obtient, toutes choses égales, des produits très-variables en quantité et en qualité, suivant l'espèce qu'on cultive ; c'est facile à constater pour les vignes, pour les bois, pour les prairies et aussi pour les terres arables.

« On voit combien les causes tendant à modifier la production de la terre sont complexes. Toutefois, la part qui revient à chacune d'elles n'est pas toujours facile à préciser, parce que dans une région donnée, ces causes agissent dans le même sens et, dans une autre région, elles agissent en sens contraire, en sorte que leurs effets peuvent tantôt s'ajouter et tantôt se retrancher. En outre, tandis que le climat et le sol sont des causes presque constantes, les conditions économiques peuvent être plus ou moins variables. »

Des considérations précédentes résulte la division en zones et régions agricoles.

Les zones sont au nombre de quatre principales :

La *zone de l'olivier*, qui fait front à la Méditerranée, s'étend du rivage à la ligne tracée de la source de l'Ariége, laissant un peu au sud Carcassonne, Orange et Digne. La ligne tracée entre Toulon et Nice détache de cette zone la *zone secondaire de l'oranger*.

La *zone du maïs* a pour limite septentrionale la ligne tirée de l'embouchure de la Charente au mont Donon (Vosges). Cette ligne passe par Châteauroux, Bourges, Auxerre, Chaumont et Nancy.

Sur le bassin du Rhône et de la Saône s'étend dans cette zone, la *zone secondaire du mûrier* limitée par la ligne irrégulière tracée entre Narbonne, Toulouse,

Montauban, Cahors, Rodez, Saint-Étienne, Mâcon, Bourg, et qui pénètre en Suisse, après avoir traversé le nord du département de la Haute-Savoie.

La *zone de la vigne* est limitée au nord par la ligne droite qui unit l'embouchure de la Vilaine aux sources de l'Oise.

Au-dessus de cette ligne s'étend la *zone du pommier*.

Les régions de culture et les pays qui en dépendent présentent des espaces plus restreints où il est facile de tenir compte des influences diverses qui peuvent modifier la nature et le rendement des productions agricoles.

On en considère ordinairement neuf :

La *région du nord-ouest* caractérisée par une constitution géologique particulière, comprend les rivages de l'Atlantique et de la Manche entre les embouchures de la Vilaine et de la Seine. Elle a encore, comme particularité, son climat tiède et humide favorable à la culture des arbres fruitiers et à la production des herbages qui nourrissent les bœufs et les chevaux. Le lin et le chanvre y sont les plantes industrielles les plus répandues.

Des trois provinces qui composent cette région, Bretagne, Maine et Basse-Normandie, la dernière est particulièrement riche en céréales.

La *région du nord* s'étend sur les bassins de la Somme et de l'Escaut et la partie inférieure et moyenne du bassin de la Seine. Elle est bordée par la Manche entre l'embouchure de la Seine et la frontière belge. Moins que la précédente, elle a le bénéfice du voisinage de la mer; aussi son climat plus sec, est-il plus froid. Cette région agricole, entre toutes, est extrêmement remarquable par la variété des cultures industrielles auxquelles elle convient. La culture du blé et l'élevage des animaux produisent aussi les grands revenus de ses cinq provinces : Flandre, Artois, Picardie, Ile-de-France, Haute-Normandie.

La *région du nord-est* tient tout le bassin supérieur de la Seine et va des Vosges aux sources de l'Oise, des monts Faucilles à la frontière de l'Alsace-Lorraine. Ses deux provinces, Champagne et Lorraine, connaissent les températures excessives du climat continental qui laissent cependant une grande valeur à la production des vins et à l'élevage du mouton. Les forêts sont très-étendues dans le nord, et la culture des plantes industrielles augmente à mesure qu'on s'approche de l'Alsace-Lorraine, qui fut une des provinces françaises où cette culture prospérait le plus.

La *région de l'est* comprend les cinq provinces : Franche-Comté, Bourgogne, Lyonnais, Savoie et Dauphiné. A l'unité de sa constitution géologique correspond une uniformité agricole moins grande que dans les régions précédentes, causée par ses altitudes diverses et le climat qui en résulte dans ses différentes parties. Dans la Franche-Comté et la Bourgogne, dans cette dernière province surtout, prime la culture de la vigne. Le Lyonnais, la Savoie et le Dauphiné se partagent entre cette culture et celle du mûrier.

Entre le confluent de l'Isère, les Basses-Alpes et les Cévennes s'étend la *région du sud* qui correspond sensiblement à la zone de l'olivier. Jusqu'au littoral méditerranéen prospèrent les riches vignobles du midi, et sur ce littoral, les champs de fleurs, les bois d'orangers et de citronniers. Le Rhône a fourni à la partie méridionale presque toute sa fertilité, la mer y entretient le beau climat de Provence.

La *région du sud-ouest* tient la plus grande partie du bassin de la Garonne, depuis les Pyrénées jusqu'à l'embouchure de la Gironde. Sur toute la grande province Guyenne et Gascogne qu'elle comprend en entier, sauf le département de l'Aveyron, la grande culture est celle du maïs et de la vigne. Les Landes, partie occidentale de cette région, sont connues pour leur stérilité et les sables qui les séparent du golfe de Gascogne.

A l'estuaire de la Gironde, on entre dans la *région de l'ouest* qui se prolonge jusqu'à l'embouchure de la Loire en passant par de nombreuses différences de climat, de constitution géologique et par suite de productions. Ces différences se remarquent aussi dans la division provinciale en sept parties qui n'ont rien de l'unité qu'on rencontre dans les provinces des autres régions. La vigne y est encore une des principales cultures.

Le reste de notre territoire est laissé aux *plaines du centre* et au *plateau central*, séparés par une ligne qui coupe les affluents de la Loire et laisse au sud, les départements, Haute-Vienne, Creuse, Puy-de-Dôme et Loire qui font partie du plateau central.

Les plaines du centre sont d'une médiocre fertilité, excepté au nord, où s'étendent des champs de blé de grande surface et de bon rendement.

Le plateau central est surtout fertile dans ses vallées de la Limagne et du Forez. Tout le reste de la région est, sinon stérile, du moins ingrat à la culture, comme dans la Haute-Loire et la Lozère.

Examinons maintenant les différents produits de notre agriculture.

Céréales

La plus importante de nos productions est le blé. Cette importance, au point de vue de l'alimentation nationale, existe aussi au point de vue du commerce d'exportation et d'importation.

En réalité, il n'y a pas, en France de région qui ne produise du froment, aussi voulons-nous n'indiquer que celles qui en fournissent le plus.

En première ligne, la région du nord avec ses

champs de la Brie (Seine-et-Marne), de la Beauce (Eure-et-Loir) et de la Flandre.

Au deuxième rang, la région de l'ouest, avec ses récoltes du Maine-et-Loire, de la Vendée et des deux Charentes.

Puis viennent divers districts, au nombre desquels comptent comme très-productifs la Guyenne, la Bourgogne, la Bresse et le Dauphiné avec sa riche vallée du Grésivaudan.

Depuis 1861, le chiffre de la production s'est élevé de 75 millions à 120 millions d'hectolitres. On fixe le chiffre moyen de la récolte à 110 millions d'hectolitres.

Il y a quelques années, le prix du blé offrait des écarts considérables, d'un département à un autre, et cela à la même époque de l'année. Ces différences étaient quelquefois de 50 0/0. Aujourd'hui, par suite de la facilité des communications, ces prix sont devenus assez uniformes.

Les chemins de fer rendent encore au cultivateur le service d'ouvrir des débouchés et font abandonner la culture des céréales inférieures, ou les plantes qui en tenaient lieu, comme l'avoine, le seigle, la châtaigne, etc.

Nous suffisons à notre consommation qui ne dépasse pas 80 millions d'hectolitres, mais l'excédant de la récolte sur cette consommation ne nous permettrait pas d'exporter de notables quantités, et nous sommes obligés de recourir aux moissons étrangères pour près de 170 millions de francs.

Cette importation se fait principalement par Marseille, pour le blé des provinces danubiennes et de la mer Noire. Les chiffres des entrées de ce port accusent, pour une des dernières années, 5 millions de quintaux de céréales de toutes espèces, fournies par la Russie, dont la production dépasse 800 millions d'hectolitres, la Hongrie, l'Algérie et l'Égypte.

Le Hâvre reçoit les blés de Californie et les farines de New-York, en quantité d'environ 1 million 1/2 d'hectolitres.

L'Angleterre, qui ne produit pas assez pour sa consommation, possède les plus grands approvisionnements dans ses docks qui, en des temps de disette, ont été pour l'Europe d'un très-utile secours.

La culture du seigle, de l'orge et de l'avoine est de plus en plus restreinte à la nourriture des animaux et aux besoins de l'industrie. On ne rencontre plus le seigle en grande culture que dans le Morvan. L'orge est devenue une plante industrielle de premier ordre que les champs de la région du nord fournissent en quantité de 22 millions d'hectolitres. Le maïs a pour lui toute la zone qui en porte le nom. Le bassin de la Garonne et la Franche-Comté en possèdent des champs étendus.

La législation douanière qui avait été inaugurée en 1872 et qui, fort heureusement, est maintenant abandonnée, a failli être des plus préjudiciables au commerce des grains. A cette époque, l'Assemblée nationale avait voté, à une forte majorité, l'établissement de la surtaxe de pavillon ; or ce n'est pas en mettant des surtaxes sur les navires qui font le commerce des grains qu'on peut aider ce commerce à se constituer vigoureusement. A partir du mois d'octobre 1874, cette surtaxe a été supprimée ; mais jusqu'à cette époque les navires grecs et ceux des États-Unis, dont ce commerce est, pour ainsi dire, une spécialité, ont été attirés par l'Angleterre, l'Italie et l'Allemagne. Ils auront pris l'habitude de cette direction, et qui sait s'ils ne continueront pas à la prendre plus volontiers que le chemin de France.

Vigne

Nous possédons sur tous les marchés du monde la place d'honneur parmi les pays producteurs de vin. De nos neuf régions agricoles, celle du nord-ouest est la seule à peu près exclue de la grande zone de la vigne, et encore y est-elle comprise par son extrémité sud-est. Celle du nord y laisse à peu près la moitié de son étendue. Le plateau central occasionne par son altitude la seule interruption à cette culture.

A ce premier point de vue nous sommes supérieurs à tous les autres pays d'Europe.

Au-dessus de la latitude septentrionale de notre pays on ne rencontre plus de vigne.

L'Allemagne n'a que ses vignobles du sud.

L'Espagne, le Portugal et l'Italie ne possèdent la vigne qu'en des provinces que ne continuent pas d'autres provinces viticoles. Le Portugal cependant se rapprocherait assez de nous à cet égard, le vin s'y rencontre du nord au sud ; mais le pays est trop resserré en ses limites. Cette discontinuité est encore plus marquée en Autriche et en Russie. Notre supériorité n'est pas due uniquement à cette situation, car si l'étendue des plants entre pour beaucoup dans le chiffre de la production, ce n'est pas elle qui fait la valeur du produit et son succès commercial.

Nous devons le premier rang surtout à la qualité de nos vins, qui, plus que ceux des autres pays, sont vins de grande consommation et peuvent mieux s'exporter. Ces qualités sont dues principalement à la nature du sol et à l'exposition générale. La preuve en est dans ce fait que l'exportation de nos plants a fourni dans un autre sol des vins qui se sont vite dénaturés. Cependant, quelque exportables que soient nos vins, la plus grande quantité est consommée dans le pays, et ce n'est pas même la dixième partie qui sort de chez nous. En 1872, en regard d'une production de 55 millions d'hectolitres, l'exportation n'était que de 3 millions 1/2 d'hectolitres.

Notre commerce des vins comprend aussi à l'importation une valeur de 8.700.000 francs sur lesquels 6.700.000 francs sont mis en consommation, le reste est réexporté.

Il y a dans notre pays huit groupes se partageant les 2.613.000 hectares affectés à la culture de la vigne.

Dans la région agricole du nord-est, on trouve le *groupe des vignobles de la Champagne* qui comprend presque exclusivement le département de la Marne et quelques cantons au nord de l'Aube. Les vins de Champagne sont l'objet de soins spéciaux et de préparations qui modifient singulièrement la nature primitive du vin, et il faut reconnaître que le rôle de l'industrie est plus considérable sur ce vin que sur les autres. Reims et Épernay sont les centres principaux du commerce de vin de Champagne, et ce commerce atteint une valeur moyenne de 26 millions de francs par an. Les principaux centres de culture sont Vertus, Sillery, Ay et Avise.

Le *groupe de Bourgogne* embrasse trois départements entiers : Côte-d'Or, Saône-et-Loire, Yonne, avec le sud de l'Aube et le nord du Rhône. On divise ce groupe en deux parties principales : la Haute-Bourgogne, c'est-à-dire, la partie de cette province arrosée par la Saône, et la Basse-Bourgogne arrosée par les deux affluents de la Seine, l'Yonne et l'Aube.

La Haute-Bourgogne produit les vins rouges les plus estimés dont les crûs sont étagés sur le flanc oriental des Cévennes de Lyon à Dijon.

On y remarque d'abord les grands vins de la Côte-d'Or, Gevrey-Chambertin, Romanée-Conti, Clos-Vougeot, Nuits, avec Dijon pour centre commercial, puis les vins rouges, Pomard, Volnay, Corton et les vins blancs Montrachet et Meursault, dont le centre commercial est à Beaune. Tous ces vins sont connus sous le nom général de *vins de la côte*. La partie nord-ouest renferme aussi les vins connus sous le nom de *vins de montagne*. Les vins de Saône-et-Loire sont moins estimés, mais ils sont plus abondants. La partie viticole la plus importante est le Mâconnais au sud avec Mâcon pour centre commercial ; les meilleurs crûs sont ceux de Thorins et Moulin-à-Vent.

Le Beaujolais ressemble au Mâconnais par la qualité et l'abondance de ses produits.

La Basse-Bourgogne renferme tout le département de l'Yonne. Elle produit surtout les vins blancs renommés de Chablis et les vins rouges de Tonnerre, d'Epineuil et de Joigny. Elle renferme aussi le sud de l'Aube avec ses vins des Riceys.

On rattache au groupe de Basse-Bourgogne les vins de la Moselle et ceux du Jura, vins d'Arbois (Jura) et de Seyssel (Ain).

Le *groupe des vins du Rhône* comprend les vignobles des coteaux qui bordent les deux rives du fleuve entre Lyon et Avignon : Côte-Rôtie (Rhône), Condrieu (Rhône), Côte-St-André (Isère), Tain ou l'Hermitage sur les coteaux voisins de Valence, Saint-Péray (Ardèche).

Le *groupe des vins du Midi*, Languedoc, Roussillon et Provence est le plus important par la valeur de ses produits : vins du Languedoc et principalement de l'Hérault, Frontignan et Lunel; eau-de-vie de Montpellier, de Pézenas et Béziers qui se vendent à Cette ; vins de l'Aude, blanquette de Limoux, du Roussillon, Rivesaltes et Collioure; vins muscats de Provence, etc.

Bordeaux est le centre du commerce extérieur des *vins du Bordelais* qui appartiennent au groupe le plus important après celui du Midi.

Les crûs les plus estimés sont ceux du Médoc : Château-Laffite, Château-Latour, Château-Margaux, Saint-Estèphe, Pouillac et Arcins. Viennent ensuite les vins du Bordelais proprement dit avec les crûs de Haut-Brion et d'Arsac; les vins de Sauterne et de Barsac; les vins entre deux mers, c'est-à-dire entre Garonne et Dordogne et ceux de La Pallu avec les crûs Cadillac et Montferrand. Enfin ceux du Libournais, Saint-Emilion et Fronsac, dont Libourne fait le commerce pour la consommation intérieure.

Ce groupe comprend encore les vins de Bergerac et du Quercy, dont Cahors est le centre commercial; les vins d'Armagnac presque tous convertis en eau-de-vie avec Condom pour principal marché.

Le *groupe des Charentes* comprend les deux départements : Charente et Charente-Inférieure, et tient le troisième rang par la valeur de ses produits. Les vins de ce groupe, très-riches en alcool, sont distillés pour être convertis en eau-de-vie ; la plus renommée est celle de Cognac (Charente). La Rochelle est le port d'exportation de ces produits estimés en Angleterre, en Russie, aux Indes et en Amérique. Cognac et Saintes en sont les principaux marchés.

Les deux derniers groupes, celui de l'*ouest* et celui du *centre*, sont bien moins importants que les précédents. Les vins qu'ils produisent sont généralement faibles. On les emploie le plus souvent à faire, avec ceux du Midi, les mélanges qui sont consommés en grande partie à Paris.

Le Bordelais fournit nos grands vins d'exportation, qui se placent surtout dans la République argentine, notre meilleur client (340.000 hectolitres), en Allemagne (200.000), en Angleterre (170.000), aux Etats-Unis (120.000), et en Belgique (100.000).

Les vins-liqueur se vendent principalement en Angleterre et en Belgique.

Les chemins de fer ont donné une vigoureuse extension au commerce intérieur, et les traités de commerce, à l'exportation de ces produits.

Pour avoir une valeur approximative de notre récolte, on peut prendre le prix moyen de 50 francs l'hectolitre, ce qui donne à peu près 1 milliard 800 millions de francs.

Fruits

Le commerce des fruits est considérable et l'exportation prend en très-grande partie la route d'Angleterre. Elle atteint, pour cette destination, la valeur de 18.600.000 francs. Aussi la culture des arbres à fruits a-t-elle pris une véritable importance. Les produits sont en grande partie destinés à l'approvisionnement de Paris qui en reçoit de tous les points de la France, de l'Auvergne, de la Picardie, d'Orléans, Tours, les Andelys, Nantes, Lyon, Saumur, Angers, le midi de la France et l'Algérie. En une seule année, Paris reçoit jusqu'à 200 millions de kilogrammes de poires, dont une grande partie est ensuite dirigée sur le Havre et Dieppe, pour être expédiée en Angleterre et dans le nord de l'Europe.

Les fruits de table comprennent encore les raisins, dont les plus estimés sont les chasselas de Fontainebleau. Les premiers raisins de table, nous arrivent d'Algérie et d'Espagne, et l'on est parvenu, par des procédés de conservation, à en avoir constamment de frais pendant toute l'année. Puis, les pêches cultivées dans les jardins des environs de Paris, très-recherchées pour la finesse de leur chair et de leur parfum. Les communes de Montreuil, Bagnolet, Charonne et Vincennes en fournissent, non-seulement la capitale, mais aussi l'Angleterre et quelques contrées du nord de l'Europe. Les pêchers du Midi apportent aussi leur contingent; mais leurs fruits sont moins estimés.

Parmi les arbres à fruits à noyaux, on peut citer le

prunier et le merisier des départements du nord-est et le prunier d'Ente qui croît dans l'Agenais. Agen est l'entrepôt et le centre du commerce de ces produits qui donnent lieu, chaque année, à des transactions s'élevant à plusieurs millions de francs.

Nous ne dirons rien des orangers qui croissent dans une zone spéciale, si ce n'est que la consommation n'est pas suffisamment pourvue par la production du pays, ainsi que cela ressortira du commerce de nos ports méditerranéens.

Forêts

Avant de quitter les arbres, nous pouvons constater que la production forestière est loin de satisfaire aux exigences de la consommation. La surface boisée ne dépasse guère 8 millions d'hectares, un peu plus de la septième partie de notre superficie entière et sensiblement la vingt-neuvième partie de la surface boisée de l'Europe, qui possède 240 millions d'hectares de bois. C'est peu pour un pays qui, dans les temps anciens, était à moitié couvert de forêts. C'est que pendant longtemps on ne s'est pas douté de l'importance que les forêts ont pour le climat, la salubrité et le sol d'un pays, et l'on a déboisé sans réflexion. Aujourd'hui l'administration des forêts a mis un terme aux déboisements ; elle a même fait commencer le reboisement de nos montagnes, mais le mal n'est qu'en voie de réparation. L'importance annuelle de la production est approximativement de 35 millions de stères fournis, les 3/6 par les régions du nord-est, 2/6 par le sud-est et le nord-ouest, 1/6 par le sud-ouest.

La consommation annuelle s'élève à 55 millions de stères ; nous recourons principalement à la Norvége, à la Russie, à l'Allemagne, à l'Italie et aux États-Unis pour combler le déficit de 20 millions de stères ; l'importation s'élève actuellement à une valeur de 128 millions de francs.

Les plus grandes masses forestières se rencontrent dans les pays de montagnes et de plateaux ; les Cévennes, le Jura, les Vosges, les Ardennes et leurs ramifications. Les deux régions du nord et du nord-est, sont les plus boisées par la forêt d'Ardenne qui est suivie à l'ouest de la forêt de Thiérache, dans le département de l'Aisne, et au sud par les forêts d'Argonne (Meuse), de Der (Marne et Haute-Marne), d'Othe (Yonne) de Châtillon (Côte-d'Or) et les bois du Morvan qui couvrent la Nièvre en très-grande partie, et en moindres parties les départements de l'Yonne et de la Côte-d'Or.

Dans la région de l'est, on remarque les forêts de Chaux (Doubs et Jura), de la Grande-Chartreuse près Grenoble et de Vercors (Isère et Drôme).

Dans la région des plaines du centre, la forêt d'Orléans, la plus vaste de toutes (37.600 hectares).

Enfin, les forêts qui avoisinent Paris, Fontainebleau (Seine-et-Marne), Rambouillet et Saint-Germain (Seine-et-Oise), Chantilly et Compiègne (Oise).

Prairies

La France ne brille pas par l'étendue de ses prairies ; en 1840 elle n'avait que 4.200.000 hectares. Depuis lors un million d'hectares a été ajouté. Il faut attribuer cette insuffisance surtout au défaut d'irrigation. Ce n'est pas que l'on n'ait reconnu depuis longtemps la nécessité d'irriguer le sol pour en augmenter la production, car, sous François Ier et Henri II, on commença des travaux de cette nature, avec l'aide de Hollandais et d'Italiens engagés à cet effet. Mais il s'en faut de beaucoup que l'irrigation soit appliquée à toutes les régions et à toutes les terres susceptibles d'éprouver ses bienfaits. On ne saurait guère estimer à plus de

200.000 hectares l'étendue de nos terrains irrigués, en y comprenant même une certaine quantité de prairies submergées périodiquement par les cours d'eau qui les traversent. Les départements où l'on rencontre les plus grandes surfaces irriguées sont les Vosges, les Bouches-du-Rhône, l'Ariége, la Haute-Saône, les Hautes-Alpes et le Var. A l'exception de la Durance, dont les 2/3 environ des eaux sont utilisés, tous nos grands fleuves, nos rivières importantes, ne fournissent pour ainsi dire rien aux arrosages; et cependant on évalue à 3 millions d'hectares l'étendue des terrains non irrigués qui seraient susceptibles de l'être. Or il est reconnu, dans les pays où l'irrigation est généralement utilisée, qu'elle augmente la valeur des terres au moins de moitié, que le plus souvent elle triple ou quadruple cette valeur, que parfois même elle la décuple.

La région agricole du nord-ouest, par sa situation admirable au bord de l'Océan, possède les prairies les plus étendues de notre pays.

L'Angleterre a fait de la culture herbagère une des branches principales de son agriculture. Ses trois régions agricoles sont la région des herbages au nord, la région des downs ou prairies naturelles, au sud, et la région des cultures perfectionnées qui comprennent surtout les prairies artificielles.

La Suisse nous est bien supérieure avec ses pacages et prairies cultivées qui prennent 1.500.000 hectares sur les 4 millions d'hectares qui représentent la superficie totale du pays.

Plantes industrielles

Betterave. — Le blocus continental a donné naissance à l'industrie du sucre de betterave. Les débuts en furent pénibles, mais peu à peu sous la libre protection des sciences chimiques et mécaniques, c'est devenu une des industries les plus vivaces et les plus lucratives. Nous sommes aujourd'hui très-loin du temps ou les propriétaires refusaient à leurs fermiers l'autorisation de cultiver la betterave, qui, disaient-ils, épuisait le sol ; nous sommes encore plus loin de l'époque où le sucre était inconnu dans la consommation alimentaire de la région froide et tempérée de l'Europe. Le Français, l'Anglais ou le Germain se procuraient cette substance rare chez les apothicaires les mieux pourvus, pour des usages médicinaux. Aujourd'hui on ne s'arrête plus aux propriétés épuisantes de la betterave, car la fabrication du sucre a pris une extension considérable en Europe.

En 1856-1857 la production, pour l'Europe entière, était de 300.000 tonnes; tandis que la campagne 1873-1874 a atteint 1.200.000 tonnes. C'est une quantité double de celle qu'exporte Cuba, la plus grande île à sucre du Nouveau-Monde.

Ainsi la betterave qui, pensait-on, il y a vingt-cinq ans, ne pourrait jamais égaler la canne, la domine aujourd'hui. Cependant en Andalousie, la culture de la canne, qui n'y avait jamais complètement cessé, se met à grandir, et, si l'Espagne recouvrait la tranquillité, on la verrait bientôt en possession de sucreries de cannes comparables à nos vastes établissements du Nord, de l'Aisne et du Pas-de-Calais.

La France est le premier pays producteur du sucre de betterave; cependant, quand elle veut le consommer, c'est elle qui le paie le plus cher, cela vient de l'aggravation de l'impôt qui frappe ce produit. En ce moment le droit moyen est de 67 francs les 100 kilogrammes.

L'industrie sucrière et la production de la betterave ont pris des développements que ne laissait pas prévoir l'accueil qui a été fait à la première idée de tirer le sucre de cette plante. Cette idée était l'objet de la risée des sceptiques du premier empire.

L'Angleterre, qui range le sucre parmi les aliments de première nécessité, en consomme 750 millions de kilogrammes. La consommation de la France n'est guère que du quart, 250 millions, avec une population sensiblement plus forte.

Les départements qui cultivent la betterave sont principalement ceux de la région du nord ; les départements, Nord, Pas-de-Calais, Somme, Oise, Aisne.

Un fait à noter, c'est que si la France est le premier pays producteur de sucre, l'Allemagne a fait dans la culture de la betterave des progrès que nous n'avons pas encore atteints. Elle sait produire des betteraves sur lesquelles la chaleur ou le froid, l'humidité ou la sécheresse n'ont point l'action redoutée que ces divers éléments météoriques exercent sur leur composition chimique. Elle est parvenue à perfectionner le rendement saccharin de la plante et à lui donner la plus haute valeur industrielle possible.

La betterave n'est pas seulement cultivée en vue de la production du sucre ; elle fournit aussi de l'alcool dont la production s'élève actuellement à 300.000 hectolitres, sans compter l'alcool fourni par les mélasses, qui s'élève à peu près à pareille quantité. On voit que c'est environ 600.000 hectolitres pris sur les 2 millions que la France retire annuellement, soit des produits vineux, soit de toutes les substances utilisables à cet égard.

Les arrondissements de Lille et de Valenciennes sont ceux qui fournissent les plus forts rendements, quelquefois jusqu'à 70 et 80.000 kilogrammes à l'hectare. Aujourd'hui cette culture prend en France plus de 150.000 hectares.

La betterave restitue à l'industrie presque tous les éléments que la terre a fournis à sa formation ; c'est ainsi que la mélasse contenant la potasse que la plante a puisée dans le sol, rend cette potasse par calcination.

Pour donner une dernière idée des progrès réalisés, il suffit d'ajouter que dans le début, la betterave fournissait en sucre 4 0/0 de son poids et qu'actuellement cette proportion est de 8 0/0.

Graines oléagineuses. — La France cultive plusieurs sortes de plantes qui fournissent de l'huile, soit comestible, soit d'un usage purement industriel.

Nous savons que l'olive, le premier des fruits oléagineux est cultivée dans une zone spéciale. Malgré la bonne renommée des huiles de Provence, l'Italie l'emporte, et par la qualité, et par la quantité. Aussi s'est-elle emparée de presque tous les marchés, après en avoir chassé l'Espagne, dont les bonnes huiles d'autrefois étaient partout demandées. Notre production atteint 250.000 hectolitres, le sixième de ce que récolte l'Italie qui nous en fournit annuellement 130.000 hectolitres.

Les grandes huileries du Nord, alimentées par le colza et l'œillette qu'on y récolte, fournissent à l'éclairage et au graissage des machines. Sans les besoins toujours croissants de l'industrie pour les corps gras, cette fabrication serait fortement éprouvée par les huiles minérales qui s'appliquent aux mêmes usages.

La savonnerie de Marseille emploie une partie de l'huile fabriquée dans le Midi ; mais elle consomme en plus grande quantité les huiles inférieures d'Espagne et d'Algérie, les graisses qui nous viennent des saladeros de Buenos-Ayres et Montevideo, les huiles d'arachide et de sésame que nous expédient les contrées orientales.

Le lin fournit aussi, par sa graine, une huile siccative qui sert principalement à broyer les couleurs. Nous n'avons guère d'huile de cette nature, que celle fabriquée en Algérie, mais le principal pays d'approvisionnement est la Russie, qui nous en livre des quantités considérables.

Tabac. — Le tabac a pris chez nous comme dans le monde entier une grande valeur commerciale. La culture en est limitée par la loi qui ne l'autorise que dans quinze de nos départements. Celui du Nord en produit 2 millions 1/2 de kilogrammes. L'Ile-et-Vilaine, le Lot-et-Garonne et le Lot le suivent de près avec 2 millions de kilogrammes. Nous récoltons en tout 22 millions de kilogrammes, et ce chiffre n'indique pas toute notre consommation. Il y faut ajouter 1.600.000 kilogrammes importés d'Algérie et 12 millions de kilogrammes que nous envoient la Havane, le Kentucky, le Maryland et la Virginie : total 37 millions de kilogrammes.

Cuba doit la position qu'elle occupe pour la fabrication des tabacs à son sol et à son climat ; mais elle doit beaucoup à la France qui, par le soin que met notre régie à faire ses achats sur les lieux mêmes de production, a fortement concouru à appeler l'attention du commerce sur la Havane.

Ces 37 millions de kilogrammes de tabac subissent les transformations nécessaires dans seize manufactures, dont deux à Paris, une à Lyon et les autres dans les principales villes de France. Trois de ces manufactures, Bordeaux, Toulouse et Tonneins appartiennent à la même région qui comprend cinq de nos départements de culture : Lot-et-Garonne, Lot, Gironde, Dordogne, Hautes-Pyrénées.

La direction générale des tabacs compte en ce moment seize manufactures, vingt-huit magasins de culture et cinq magasins de transit. Les manufactures sont situées à Bordeaux, Chatellerault, Dieppe, le Havre, Lille, Lyon, Morlaix (Finistère), Nancy, Nantes, Nice, Paris (au Gros-Caillou et à Reuilly), Tonneins, Toulouse et Rumilly (Haute-Savoie). Elles représentent une valeur totale de plus de 25 millions de francs, non compris 9 millions environ pour la valeur mobilière et immobilière des magasins. Il faut, en outre, compter une somme de plus do 95 millions de francs pour représenter les quantités de tabac en cours de manutention; de telle sorte, que le capital de la régie s'élève à 129 millions de francs.

Il n'est pas besoin de dire combien notre consommation exagérée est chose déplorable pour la santé publique! De quelle frénésie sommes-nous donc atteints pour priser par année 960.000 kilog. de tabac? à quelle dépravation de goût sommes-nous donc arrivés pour que, la part faite au priseur et au fumeur, il reste encore 800.000 kilog. à une troisième catégorie de consommateurs? sans parler des 49 millions de cigares importés de la Havane, de ceux que nous envoie Manille, au nombre de 600.000, et des 800 millions de cigares ordinaires qui disparaissent en fumée!

Plantes textiles. — Nous ne possédons d'autres plantes textiles que le lin et le chanvre, et tous les essais d'acclimatation des matières textiles de l'Orient sont encore, quoi qu'on en dise, à fournir des preuves de réussite.

La récolte du lin se fait principalement dans la région du nord, en Picardie, par exemple. On cultive aussi ce textile aux environs de Bernay (Eure) et dans le pays de Caux qui ne produit que des lins de qualité inférieure. Ceux de Bernay et du Nord valent mieux, mais ils restent bien au-dessous des lins belges.

Le chanvre est particulièrement cultivé dans la Picardie, la Champagne et l'Anjou. Les chanvres de l'Anjou sont incontestablement les plus beaux. Ils n'atteignent pas la hauteur des chanvres italiens, de Ferrare et de Bologne, les plus grands chanvres d'Europe, mais ils sont assez fins pour qu'on puisse les employer à mieux qu'à la fabrication des cordes, ce qui est à peu près la seule destination que l'on puisse donner aux chanvres de ces deux centres italiens.

Nous n'avons pas de données sur la valeur de la production; nous savons qu'elle est insuffisante. La Belgique nous fournit, soit en lin brut, soit en lin teillé et étoupes, pour une valeur de 45 millions de francs. Il faut dire que toute cette quantité n'est pas mise en consommation chez nous, puisque notre exportation du même textile atteint 22 millions de francs.

Plantes tinctoriales. — En donnant le moyen de fabriquer les couleurs avec les substances dérivées de la houille, la chimie a porté une sérieuse atteinte à la culture des plantes tinctoriales. Le département de Vaucluse n'a presque plus de champs de garance; Agen et Montauban cultivent encore le pastel, mais en quantité moindre tous les ans.

Mûrier. — Vingt-un départements, dont cinq dans le bassin de la Garonne et les autres dans le bassin du Rhône, cultivent le mûrier. Le Gard est en tête des pays producteurs de cocons ; après lui, la Drôme, l'Ardèche et Vaucluse. Le premier, fournit plus de 3 millions de kilog. de cocons frais; l'Ardèche et la Drôme, dépassent 2 millions de kilog.; Vaucluse les atteint presque avec 1.700.000 kilog. Ces quatre départements dépassent à eux seuls les 4/5 de la production totale qui, pour 1874, était de 11.071.694 kilog. de cocons frais. Ces cocons provenaient de 723.892 onces de graines, pour les 2/3 composées de graines du Japon ou de reproductions.

Productions animales

L'élève du bétail constitue une grande industrie en France, et si l'on en juge d'après les concours annuels, d'après les efforts faits par le pays, on s'attendra à des progrès rapides qui, en réalité, ne sont pas. Chez nous, la lenteur relative de la multiplication tient au climat plus qu'aux hommes. Lorsqu'il faut produire des fourrages à grands frais, l'éducation n'est plus profitable; le profit est quelquefois si peu évident qu'on a pu lire imprimé, sous la signature d'agronomes les plus distingués, que le bétail est un mal nécessaire. On est revenu de ce jugement défavorable et l'on a pu constater, au contraire, que l'élevage des animaux domestiques est une des parties les plus importantes de l'agriculture, à cause des services qu'ils rendent et des produits qu'ils fournissent au cultivateur. Par leur force, les grands animaux sont d'un grand secours pour le travail des champs ; ils fournissent au sol le meilleur engrais pour améliorer les terres médiocres ou prévenir l'épuisement des bons terrains; leurs dépouilles ou leurs produits sont de précieuses ressources.

Malgré tous ces avantages, il reste certain cependant que l'élève du bétail ne se fait avantageusement, sur une grande échelle, que dans les contrées où les prés naturels sont étendus et d'un produit abondant.

Le grand bétail comprend les bœufs, les chevaux, les ânes et les mulets. Les bœufs se divisent en trois grandes races: les races laitières, les races de travail et les races de boucherie. On a voulu accroître les races de travail par l'élevage du buffle dans le midi de la France; les essais sont demeurés infructueux, cet animal ne vivant pas facilement dans nos climats.

C'est surtout dans les régions du nord-ouest et du nord que les bêtes à cornes s'élèvent. On y trouve les belles races laitières et de boucheries qui ont été obtenues par le croisement des races Durham et Hollandaise. La situation particulière due au voisinage des grands centres industriels et de consommation s'ajoute à la fertilité naturelle du pays pour favoriser l'élevage de ces animaux. On y compte quatre races principales :

La *race flamande* dans les provinces, Flandre, Artois, Picardie et Brie : excellente laitière, elle fournit les fromages que ces provinces livrent au commerce intérieur. La *race normande* proprement dite, est en même temps bonne laitière et convient très-bien à la boucherie ; ses produits sont également estimés. La *race mancelle* dans le Maine et l'Anjou est médiocre laitière, mais très-bonne race de boucherie ; son perfectionnement date du croisement avec les Durham. La *race bretonne*, de petite taille, est principalement laitière. Rennes et ses environs l'élèvent pour le commerce du beurre.

Dans la région du nord-est, on remarque deux races principales : l'*ardennaise* et la *meusienne*, cette dernière autant race de travail que laitière.

Dans la région de l'est, les bœufs de la Franche-Comté et ceux du Charollais. Les premiers, doivent leurs qualités aux croisements avec les races suisses. Le Charollais fournit principalement à la boucherie.

Sur le plateau central, trois races : les bœufs limousins, ceux d'Auvergne ou race de Salers et ceux d'Aubrac (Aveyron). Ces trois races sont surtout employées au labour, sauf la race de Salers, qui fournit beaucoup de lait.

Dans la région du sud-ouest, on trouve les bœufs bazadois (Gironde et Lot-et-Garonne) qui alimentent la boucherie, les bœufs de Gascogne (bassin supérieur de la Garonne) et les bœufs du Béarn (Hautes-Pyrénées) ; ces deux dernières races sont principalement employées au travail.

La région de l'ouest élève principalement les bœufs parthenais pour l'approvisionnement de la boucherie parisienne.

Ces animaux sont l'objet d'un commerce extérieur important qui se chiffre pour l'exportation, en année moyenne, à 30 millions de francs, que paie en très-grande partie l'Angleterre, notre principal débouché.

Marseille, grâce à sa position maritime est devenue un marché de premier ordre. Les pays de production et les débouchés ne lui font pas défaut. L'Afrique et le Maroc qui n'ont pas été exploités, sont à ses portes ; la Sardaigne, l'Italie, l'Espagne, les provinces danubiennes, tout le bassin de la Méditerranée, contribue à l'approvisionnement de son marché qui, sans parler de la consommation locale, a pour débouchés naturels d'abord le Midi, l'intérieur de la France, la Suisse, la Belgique et même l'Allemagne.

En 1873, l'importation de Marseille atteignait 1.054.000 têtes ; dix années avant elle n'était que de 63.000 têtes.

Les chevaux, qui chez nous, sont presque toujours le résultat de croisements, ne peuvent être classés en races, mais bien en catégories. De nos jours ces catégories se fondent toutes en la seule race de boucherie, à l'heure marquée par l'âge ou les infirmités. Le cheval appartient surtout aux régions de prairies. La première catégorie comprend les chevaux de trait proprement dits : chevaux boulonnais, flamands et normands et les carrossiers (percherons, originaires d'Eure-et-Loir, Sarthe et Basse-Normandie). A cette catégorie appartiennent les chevaux berrichons, bretons et comtois. La deuxième catégorie est celle des chevaux de selle. Ce sont presque toujours des produits de croisement avec les races pures. Les améliorations par les races anglaises, espagnoles et africaines ont donné six espèces : les anglo-normands de l'Orne et du Calvados ; les lorrains pour la grosse cavalerie ; les poitevins dans la Vendée et la Charente-Inférieure ; les limousins sur le plateau central ; les chevaux navarrins des Pyrénées et les landais pour la cavalerie légère ; les petits chevaux de la Camargue et de la Corse.

Le commerce de ces animaux montre que notre

production est insuffisante, car l'importation atteint la valeur de 28 millions de francs, tandis que l'exportation ne vaut pas plus de 4 millions de francs. La France fait les plus grands efforts pour arriver à fournir elle-même le contingent si nécessaire à l'armée. Nous sommes loin d'atteindre les autres pays d'Europe et notamment la Russie, qui, au dernier recensement, possédait 20 millions de chevaux, sans parler des chevaux sauvages qui ne peuvent figurer dans un dénombrement.

Les ânes et les mulets sont l'objet d'un commerce important surtout avec l'Espagne. Leur élevage se fait principalement dans le Poitou.

Le petit bétail est nombreux en France. Les moutons, au nombre de 35 millions environ, s'élèvent facilement même sur les maigres pâturages. Les races indigènes, qui alimentent la boucherie, dominent dans l'Aisne, la Somme, la Drôme et l'Aude. Les mérinos importés d'Espagne sous Napoléon Ier, se sont multipliés rapidement dans la Champagne. Leurs toisons fournissent directement aux grandes filatures et draperies de Reims. L'Espagne, berceau de cette race, n'a pas su conserver son importance. La France obtient actuellement de meilleurs résultats, et l'Allemagne, par sa race électorale de Saxe, dont la souche est aussi espagnole, tient le premier rang en Europe pour la qualité de la laine.

Londres est le plus grand marché de laine de l'univers, grâce aux importations des toisons d'Australie, de la Plata et des Indes. L'élevage du mouton, en grand honneur chez nos voisins, ne pourrait fournir les énormes quantités qui se vendent aux foires trimestrielles de Londres.

Les chèvres vivent partout. On en rencontre de grands troupeaux à Roquefort (Aveyron) célèbre par son fromage, au mont Dore et à Sassenage (Isère).

CHAPITRE IV

INDUSTRIE

Après l'Angleterre, la France est le pays le plus industriel d'Europe. Elle n'a, sur le continent, de rivaux ou d'émules, qu'en Suisse, en Belgique et dans quelques parties de l'Allemagne. Pour plusieurs produits importants, sa supériorité est sans conteste.

La valeur totale des produits fabriqués atteint 10 milliards de francs. Dans cette accumulation de valeurs, le département de la Seine est tout à fait hors ligne. Il réalise à lui seul le cinquième des affaires du pays, le département du Nord le suit immédiatement, puis viennent le Rhône, la Seine-Inférieure, la Loire et l'Eure. Ces départements, qu'on peut considérer comme les foyers principaux de l'industrie française, accusent un chiffre d'affaires annuel variant de 800 à 200 millions de francs.

En comprenant dans les évaluations, l'industrie de Paris, celle de Lyon, celle des autres départements et les établissements de l'Etat, les forces de notre industrie manufacturière peuvent être évaluées ainsi :

Nombre des établissements industriels................	123.357
Nombre des ouvriers........	1.782.932
Importance des affaires...Fr.	9.756.000.000
Nombre des chevaux-vapeur pour tous moteurs........	502.355

Parmi les grandes industries, c'est-à-dire parmi celles qui occupent de nombreux ouvriers, et versent sur le marché des masses de marchandises, les manufactures de tissus prennent, en France, le premier rang. Elles l'emportent de beaucoup sur les industries similaires des puissances européennes, par le goût qui est le caractère distinctif de l'industrie française en général. Il ne faudrait pas cependant en conclure que les manufactures françaises ne travaillent que pour le luxe. Il faut faire deux parts de leurs produits : celle qui est destinée à la consommation intérieure, doit satisfaire autant aux besoins du pauvre que du riche : celle qui est destinée à l'exportation, a plus particulièrement, mais non exclusivement, en vue les classes aisées. Il y a à cela un fâcheux côté, c'est que notre commerce extérieur est assez facilement affecté par les crises internationales, qui ne se font sentir dans les transactions intérieures, que si elles coïncident avec une mauvaise récolte.

Cette supériorité dans le goût qui distingue nos produits, a été si bien reconnue, que nous avons eu plus d'une fois à nous plaindre de la déloyale concurrence que nous font nos voisins d'Outre-Manche, sur les marchés extérieurs, où ils placent volontiers leurs produits comme de fabrication française.

Nous devons signaler, comme s'étant fait une véritable spécialité dans ce commerce d'indélicatesse, les places anséatiques, et notamment Hambourg, d'où s'expédient à destination de l'Amérique du sud et des possessions espagnoles, une immense quantité de produits très-médiocres, revêtus frauduleusement des marques françaises les plus estimées.

Nous placerons donc l'industrie textile dans le premier groupe industriel, et avant d'étudier les centres où elle s'exerce, voyons sa situation en général.

La guerre franco-allemande a profondément modifié, à notre désavantage, la situation dans laquelle se trouvaient nos industries textiles. Pendant que le marché du monde nous a été fermé, nos rivaux anglais, allemands, belges, suisses se sont efforcés de prendre partout la place que nous laissions vacante. Leurs produits ont pénétré cette fois en bien des contrées d'où la concurrence des nôtres les avait toujours écartés. Des relations se sont ainsi formées et nous rencontrons à présent de plus grandes difficultés qu'autrefois, surtout sur les marchés de l'Amérique du sud, où les émigrants allemands ont réussi à amoindrir l'influence française. Nous avons perdu quelques débouchés aux États-Unis par suite du développement de l'industrie américaine. Les industries anglaise, belge, suisse et le moulinage italien ont acquis plus de force. L'Allemagne est le plus redoutable entre ces concurrents, car elle accroit ses forces industrielles et continue à tirer avantage de sa main-d'œuvre à bas prix. La concurrence allemande est plus dangereuse que la concurrence anglaise. Nous la rencontrons plus souvent sur les marchés que nous alimentons. Quel fait plus significatif que l'exemple de Berlin, tenant partout tête à Paris pour les vêtements de femme, où la mode, née à Paris, a une si large part.

Aussi avons-nous perdu un certain nombre de nos débouchés et notamment celui de nos colonies. Leur population s'y est accrue de 10 0/0, tandis que la vente de nos produits y a diminué de 30 0/0.

L'industrie textile comprend quatre divisions bien distinctes : les laines, le coton, le lin et le chanvre, la soie. Chacune d'elles comprend deux parties, la filature et le tissage, celui-ci complémentaire de la première. Quelques-unes se complètent d'industries annexes, l'imprimerie, la teinture, etc.

Laine. — On sait que depuis les temps les plus reculés, la laine a été la première et la principale matière employée par l'homme pour se vêtir. Sa production a marqué la première étape de l'humanité dans la voie de la civilisation. Ce n'est que plus tard que les textiles végétaux, le lin et le chanvre dans les climats tempérés, le coton dans les climats chauds, ont en partie remplacé la laine.

L'importation des laines étrangères alimente beaucoup notre industrie lainière. Par suite de l'extrême facilité de transport de la laine par mer, nous nous trouvons sur notre propre marché en concurrence avec les pays les plus favorisés du globe. La majeure partie de la France est, au point de vue du climat, dans des conditions bien plus favorables à la production des laines surfines que le nord et le centre de l'Allemagne, et néanmoins il n'y a plus en France, à vrai dire, de troupeaux surfins. Nos laines les plus belles sont qualifiées à l'étranger de laines hautes fines, un degré au-dessous de la seconde qualité de la laine électorale. Ce qui semble au premier abord une décadence, est en réalité un immense progrès, et nos éleveurs ont trouvé dans le poids des toisons et de la viande de boucherie une large compensation au sacrifice qu'ils ont fait en renonçant à l'extrême finesse.

La filature à la main a fait depuis 1820, place à la filature mécanique. La France atteint dans cette première industrie de la laine une réelle perfection, qui laisse bien loin en arrière la Belgique et l'Allemagne. Tous nos numéros attestent le même degré de soin et de perfectionnement dans le travail ; aussi plusieurs maisons exportent-elles des fils dans divers pays et notamment en Angleterre.

La filature française a ses producteurs au nord comme au sud ; mais elle a atteint un plus grand développement à Reims et dans ses environs. Nous la trouvons assez généralement répandue dans les centres de fabrication des draps, complément de la filature ; elle compte 2.772.000 broches.

L'industrie drapière comprend six régions en France.

La région du nord qui nourrit beaucoup de moutons, possède les centres Roubaix, Turcoing, Cambrai, Fourmies (Nord), Guise, Saint-Quentin, Bochain (Aisne), Amiens, Abbeville (Somme). C'est dans cette région que sont les grandes manufactures de tapis de Beauvais et les Gobelins, dont les tapisseries ont une réputation universelle. Abbeville, Roubaix, Turcoing ont aussi des fabriques de tapis et de tissus pour meubles.

La fabrique de moquettes à Abbeville est la plus ancienne de France.

Dans la région du nord-est, alimentée par les mérinos de Champagne et de Bourgogne, on remarque surtout Sedan, Reims et Nancy.

Celles du sud-est et du sud consomment dans les draperies de Voiron et Vienne (Isère), Lodève, Bédarieux et Saint-Pons (Hérault), Carcassonne, Nîmes, Castres (Tarn) et Mende, les laines mérinos de la Franche-Comté, les laines communes de Provence, des Alpes et les laines étrangères dont Marseille est l'entrepôt. Les fabriques de la région du sud sont très-anciennes et considérables pour les lainages à bon marché.

La région du centre transforme les laines grossières de l'Auvergne, du Berry et de la Sologne. Ses principales fabriques sont celles de Limoges, Châteauroux, Romorantin (Loir-et-Cher) et Orléans, et l'importante manufacture de tapis d'Aubusson.

Dans la région du nord-ouest sont les fabriques

de Rouen, Elbeuf, Louviers, Bernay, Lisieux et Vire, qu'alimentent surtout les laines d'importation, soit d'Angleterre, soit directement de la Plata.

Pour compléter ce qui concerne cette industrie, disons qu'on ne possède que des données incomplètes sur les quantités produites, mais en utilisant un certain nombre d'indications, on peut évaluer la valeur des produits à 950 millions de francs.

Coton. — L'industrie du coton a pour siége principal la Seine-Inférieure et le Nord. Ces deux départements comptent respectivement 1.500.000 et 1.000.000 de broches sur les 5.360.000 que possède la France; viennent ensuite avec un chiffre de broches qui varie de 486.000 à 145.000, l'Eure, les Vosges et le Calvados.

La guerre franco-allemande a sérieusement atteint l'industrie cotonnière de France en nous séparant de Mulhouse, du Haut-Rhin et du Bas-Rhin qui possédaient un effectif de 1.700.000 broches, qui, d'après les derniers renseignements, sont restées dans le pays, sauf 60.000 environ qui se sont montées dans les Vosges. La France, par le nombre de ses broches (l'Allemagne n'en a que 3 millions) vient immédiatement après l'Angleterre, si ce rapprochement est permis, 38 millions de broches contre 5 millions.

Il semble, à première vue, que l'Angleterre et la France sont également habiles à s'assimiler toutes les industries manufacturières; cependant, examinées de plus près, on reconnaît à ces nations des capacités propres dans lesquelles elles excellent plus ou moins. Le Royaume-Uni est de beaucoup le plus avancé dans la production des cotonnades; la France, au contraire, occupe la première place dans l'ensemble des spécialités embrassées par le travail de la soie.

Toutes les contrées, quelque éloignées qu'elles soient des pays fournisseurs de la matière première, se sont livrées au travail du coton. Quoique ses transformations n'occupent pas partout le premier rang par leur importance, ses produits, considérés en masse, prennent la première place sous le rapport des quantités transformées et de leurs valeurs. Sur la somme des articles textiles manufacturés en Europe, les cotonnades représentent, en effet, un peu plus d'un tiers (33.61 0/0) ; les lainages un peu moins (33.18), tandis que les toileries et les soieries ensemble ne forment qu'un tiers (17.90 et 15.31 0/0).

Les plus gros numéros se filaient avant la guerre dans les départements de la Normandie. Aujourd'hui cette province, et notamment le département de Seine-Inférieure a un peu modifié sa filature, en vue de la production des numéros fins que nous fournissait l'Alsace, et que les barrières douanières arrêtent depuis la nouvelle nationalité de cette ancienne partie de notre territoire. Donnons, en passant, un regret à cette cité industrielle de Mulhouse, arrivée à une si grande perfection dans l'industrie des cotons, et notamment des toiles peintes. Cette industrie, si importante, et pour laquelle elle n'avait pas de rivale, a mis plus de cent ans à s'y développer, et le renom qu'elle s'est acquis dans le monde, a nécessité une longue suite de générations laborieuses et de remarquables institutions artistiques et scientifiques. En 1870, l'industrie cotonnière de l'Est formait un tout bien agencé, ayant son centre à Mulhouse. Les filateurs d'Alsace envoyaient les fils dans les Vosges où, grâce à de nombreux cours d'eau et une main-d'œuvre peu élevée, on pouvait produire des tissus à bas prix. Ces tissus revenaient à Mulhouse pour y être blanchis, imprimés ou teints, et de là ils étaient expédiés à Paris, pour être répandus dans le monde entier comme nouveautés. Ces relations entre ces trois éléments : l'Alsace, les Vosges, Paris ont été détruites par la guerre et cela sans profit pour nos vainqueurs, on pourrait presque dire à leur détriment.

Au premier abord, on a pu se figurer qu'il suffirait de quelques années pour reconstituer en deçà de la frontière l'association dissoute de ces trois groupes. Aujourd'hui, que plus de quatre ans nous séparent de ce moment, les illusions ont dû faire place à la réalité ; et l'on peut constater que, sauf de rares exceptions, la position relative de l'industrie cotonnière des deux côtés de la nouvelle frontière est restée la même. C'est que, malgré tout le désir qu'elle pouvait avoir d'émigrer, une industrie aussi compliquée que celle d'Alsace, ne pouvait pas se déplacer. Elle ne peut prospérer que là où elle est née, entourée des institutions, des écoles fondées pour former ses agents, au milieu d'une classe ouvrière élevée spécialement pour elle. Et puis, pense-t-on aux frais que coûterait le transport d'un seul des grands établissements d'impression de Mulhouse, avec toutes les industries accessoires.

On peut admettre, comme un fait acquis, que l'annexion a démembré l'industrie cotonnière française, dont les transactions annuelles atteignaient quelques centaines de millions. Ce fait peut se vérifier dans le seul chiffre de l'exportation de nos tissus, et encore, faut-il tenir compte qu'un régime transitoire a été admis, jusqu'en septembre 1873, pour les tissus qui empruntaient à l'outillage de l'Alsace un supplément de préparation. En 1869, nous exportions pour 130 millions de francs de tissus, aujourd'hui cette exportation atteint 80 millions de francs.

L'Angleterre introduit en France beaucoup d'articles que faisait autrefois l'Alsace, et, on peut admettre qu'elle fera tous ses efforts pour s'emparer de ce marché si avantageux. Une fois qu'elle aura réussi à remplacer les articles d'Alsace, elle aura bien plus de facilité encore à faire les genres de Rouen ; ce sera le commencement du déclin de l'industrie cotonnière en France.

La fabrication française est généralement divisée en quatre groupes :

Le groupe de l'est qui comprenait autrefois l'Alsace n'est plus formé que du département des Vosges. Ce groupe de l'est ainsi réduit fait mouvoir 600.000 broches, qui consomment annuellement 50.000 balles ou 10.000 tonnes de coton, provenant pour la plus grande partie de l'Amérique et acheté sur le marché du Havre. Cependant, depuis quelque temps les ports de la mer du Nord lui en fournissent une certaine partie. Cette situation est le résultat des tarifs trop élevés de nos chemins de fer. Au point de vue de la fabrication des tissus, ce groupe est encore trop en voie de réorganisation pour que nous en puissions parler ; les deux centres principaux sont Saint-Dié et Épinal.

Le groupe de Normandie comprend les départements de la Seine-Inférieure, de l'Eure, du Calvados et de l'Orne, et forme aujourd'hui la région cotonnière la plus importante. Situé près du littoral, il reçoit la matière première dans les conditions les plus favorables. Le département de la Seine-Inférieure compte à lui seul 160.000 ouvriers. Une des branches les plus importantes de cette industrie est la fabrication des rouenneries, dont l'introduction dans le pays remonte à l'année 1700. Elle est due à un nommé Jacques-Etienne Delarue, dont le nom mérite d'être conservé. La production de ces rouenneries, tissus de diverses couleurs, atteint environ la valeur de 85 millions de francs par an. Parmi les grands industriels fabriquant les toiles de coton et les velours, il convient de citer notre ancien ministre des finances, M. Pouyer-Quertier. Flers (Orne) est le centre d'une fabrication des plus intéressantes : les coutils, les étoffes damassées pour literie, les coutils pour corsets, les articles pour chemises et pantalons. On y fabrique aussi la blouse bleue, si répandue dans tous les corps de métiers. 3.500 ouvriers y travaillent presque tous à la main sur 3.000 métiers. Evreux fabrique aussi d'excellents coutils et Condé (Calvados) de bonnes toiles de coton.

Le troisième groupe comprend les départements Nord, Somme et Aisne. Les produits de ces contrées sont très-variés. On y trouve la filature des cotons fins pour tulles et dentelles et de numéros inférieurs qui alimentent la fabrication de Roubaix. Amiens fabrique des velours coton, bonne qualité, pour une somme de 18 millions de francs environ, par an. Cette industrie d'Amiens a beaucoup à lutter avec la concurrence anglaise, qui produit dix fois plus et qui trouve dans l'importance même de sa fabrication, l'élément principal du bon marché. Saint-Quentin fabrique des rideaux brochés de bon goût et bon marché et une foule d'articles unis et de fantaisie, tissus pour la lingerie et la confection.

Le quatrième groupe est celui de Tarare, auquel se rattachent les deux centres Roanne et Thizy. Ce groupe fabrique pour robes des étoffes qui ont les deux qualités, long usage et prix modéré. Tarare fabrique spécialement des mousselines de toutes qualités et des tarlatanes pour lesquelles elle n'a pas de concurrence. En grande industrie on y trouve aussi les rideaux brochés, pour lesquels Tarare est classé bien au-dessus de la Suisse, dont les articles similaires ne résistent pas comme les siens à plusieurs blanchissages réitérés.

Villefranche et Vichy peuvent être regardées comme des annexes de Tarare. Ce dernier centre se distingue par ses toiles dites de Vichy et dont Roanne possède aussi la fabrication, mais qu'elle vend sous le même nom.

La France met aujourd'hui en œuvre près de 100 millions de kilogrammes de coton. Les États-Unis et le Brésil lui en fournissent par le Havre 400.000 balles ; les Indes, l'Égypte et diverses contrées de l'Orient en font entrer à Marseille 20 millions de kilogrammes.

L'industrie des imprimeurs ne renferme plus en France qu'un groupe essentiel, c'est Rouen et ses environs. Mulhouse est encore le point de mire de tous les imprimeurs du monde. Nous ne savons ce qu'il adviendra de cette industrie si florissante dans ce centre. Rouen cherche à se rapprocher comme genre et comme aspect des produits de l'Alsace ; mais jusqu'à présent elle n'a pas atteint cette perfection. Ses genres consistent principalement en indienne pour meuble et deuil.

Chanvre et lin. — L'industrie du chanvre et du lin remonte à une très-haute antiquité. Depuis longtemps on a reconnu que ces deux végétaux peuvent fournir des produits nombreux et utiles : cordages, engins de pêche et de chasse, toiles à voiles et étoffes de toute espèce. Les écrits sacrés et profanes font mention de ces produits. Les vêtements sacerdotaux des Hébreux et des Égyptiens étaient en lin d'une grande finesse. Cependant cette industrie si ancienne n'a pas, à beaucoup près, atteint les progrès réalisés par les autres industries textiles; elle est même classée la dernière sous le rapport de la valeur totale des produits. La culture du lin et du chanvre a pris, relativement à celle des autres textiles, un faible développement, non-seulement en France, mais dans tous les pays manufacturiers. Pourtant ces plantes, le lin surtout, sont capables de supporter les transformations en fils aussi bien que les autres, attendu que des fileuses à la main ont de tout temps produit des fils d'une très-grande finesse, qu'on estimait à 800 et jusqu'à 1.000 kilomètres, soit 258 lieues, au kilogramme.

Le lin et le chanvre présentent, par la nature même des fibres textiles, des conditions industrielles désavantageuses que n'offrent pas les autres substances textiles, et les produits ne sont pas, relativement à ceux du coton, de la laine et de la soie, à des prix suffisamment rémunérateurs.

La France compte actuellement 752.000 broches de filature de lin.

Les toiles à voiles et les grosses toiles sont une spécialité pour laquelle la France occupe le premier rang en Europe ; Lille, Paris et Dunkerque sont les principaux centres de cette fabrication.

Les toiles fines pour lesquelles nous ne tenons plus le premier rang, occupé par la Belgique et l'Irlande, sont fabriquées dans les départements du Nord et de la Normandie, avec Lille et Lisieux comme grands centres.

En dépit des efforts que fait la Belgique, les arrondissements de Cambrai et de Valenciennes fabriquent les batistes de manière à écarter toute concurrence ; l'arrondissement de Cholet (Maine-et-Loire) fabrique également les toiles légères et les mouchoirs.

Les coutils sont faits à Roubaix, Lille et Turcoing. L'arrondissement de Laval fournit dans cette fabrication des produits mélangés lin et coton. Une industrie très-importante et qui ne peut vivre que par le goût et l'art du dessin, c'est celle du linge d table. Elle se rencontre principalement à Amiens, Abbeville et Saint-Quentin.

Angers, Tonneins, Bordeaux et Bayonne sont les premiers centres de la fabrication des cordages.

En général, pour les tissus de lin et de chanvre, notre industrie nous suffit et nous permet même une exportation qui atteint 20 millions de francs.

Soieries. — La Franco est sans rivale pour les soieries. Obligée de compter en partie sur l'Orient et quelques pays européens qui la munissent de soie grége, matière première de cette industrie, elle leur vend en retour ces belles étoffes qui se placent sur les marchés du monde entier. Jusqu'à présent elle a triomphé de la concurrence des fabriques étrangères ; mais elle n'est pas sans concevoir quelques craintes, justifiées par les efforts tentés de différents côtés, pour égaler la perfection de ses tissus ou pour l'éloigner des marchés par le bas prix des produits. Lyon, la métropole de cette industrie, est constamment tenue en éveil par les fabriques de Zurich, d'Elberfeld et Crefeld (Prusse rhénane) et, depuis peu, par celles de Moscou qui se développent avec une grande rapidité. L'Italie, moins à redouter, à cause de la spécialité qu'elle a prise dans le travail de la matière première, fait aussi, dans la fabrication des étoffes, des progrès dont il faut se préoccuper. Quant à Londres, les genres particuliers auxquels elle s'applique et les conditions climatologiques dans lesquelles elle se trouve, nous laissent sans crainte. Nous sommes encore tributaires de son marché de soies, le plus considérable du monde, par suite des conditions économiques avantageuses que l'Angleterre a su se faire en Chine et au Japon. Peut-être ce tribut qui, de nos jours, s'est réduit à de moindres proportions, prendra-t-il fin dans un avenir rapproché. Nos négociants en soie s'appliquent de toutes leurs forces à atteindre ce but, faisant en cela acte de patriotisme autant que de commerçants, étant connue la nécessité d'alimenter, directement à la source, la plus belle industrie de notre pays.

La fabrique lyonnaise fait battre 120.000 métiers, dont 30,000 environ dans la ville et le reste dans six ou huit départements environnants. Ces 120.000 métiers consomment annuellement plus de 2.200.000 kilogrammes de soie. La valeur des étoffes qu'ils produisent est à peu près de 460 millions de francs, dont 350 millions pour l'exportation.

La fabrication comprend tous les genres : foulards écrus et imprimés (50 millions), crêpes (8 m.), tulles unis et damassés (14 m.), velours pure soie et tramés coton (30 m.), satins pure soie et tramés coton (25 m.), taffetas et failles noirs (165 m.), taffetas et failles couleurs (120 m.), autres tissus unis (10 m.), tissus façonnés et brochés pour robes (8 m.), tissus façonnés et brochés pour meubles et ornements d'églises (10 m.), tissus mélangés divers (20 m.).

Quatre cents maisons de fabrique coopèrent à cette production, et le chiffre annuel d'affaires de plusieurs d'entre elles atteint 10, 15 et 20 millions. Autour de la fabrique se groupent quatre-vingts maisons de marchands de soie et soixante maisons de commission. Les unes et les autres, par leurs comptoirs établis près des marchés de production de la matière première et de consommation des produits fabriqués, mettent la fabrique lyonnaise en rapport avec le monde entier.

Plus de cinq cents filatures munies de 20.000 bassines et huit cents établissements de moulinage qui font mouvoir 340.000 tavelles, disséminés dans les divers départements du bassin du Rhône (Gard, Vaucluse, Ardèche, Drôme, principalement) lui préparent la matière première. Aussi dans le tableau officiel du commerce extérieur de la France, la fabrique lyonnaise représente-t-elle, en matière première et en étoffes fabriquées, plus d'un milliard, c'est-à-dire, à peu près le 1/7 de la masse de nos importations et exportations. Depuis la magnanerie, jusqu'au comptoir du commissionnaire, les soieries donnent du travail à plus de 800.000 personnes.

Cette industrie possède de précieuses institutions que les besoins de son développement ont fait naître d'époque en époque : La *Condition des soies* sur le type de laquelle toutes celles de l'Europe se sont modelées ; le *Décreusage et essai public;* le *Magasin général* ou docks des soies avec ses succursales de Marseille et d'Avignon ; la *Chambre syndicale* pour le commerce des soies ; la *Chambre syndicale* pour les soieries. Dans l'ordre de l'instruction professionnelle : l'*École de la Martinière*, chargée de fournir à la fabrique ses teinturiers, ses contre-maîtres et ses mécaniciens ; l'*École centrale lyonnaise : l'École de commerce ;* l'*École Saint-Pierre* où se forment les dessinateurs ; le *Musée d'art industriel* conçu sur un plan approprié à l'industrie locale.

La fabrication des soieries comprend encore les spécialités de Tours (étoffes d'ameublements) et de Nîmes (gazes et tissus légers, dits tissus algériens). Elle se complète enfin par la rubanerie, dont Saint-Étienne est le centre le plus remarquable. Les rubans de Saint-Étienne sont universellement connus. La concurrence des rubaniers de Crefeld et de Bâle n'est redoutable qu'autant qu'ils vendent leurs produits sous des marques françaises ; ce qui arrive souvent, principalement sur les marchés de l'Amérique méridionale où cette concurrence nous fait perdre beaucoup de terrain, grâce au bas prix des rubans allemands et suisses, ordinairement mélangés soie et coton.

L'industrie du ruban a pris naissance au XIe siècle, à Saint-Chamond. De là elle s'est répandue à Saint-Étienne, qui représente environ 110 à 115 millions sur les 250 millions de francs qui expriment la valeur de la production annuelle des rubans en Europe (Angleterre, Suisse, Allemagne, Autriche).

Industries diverses dérivées des industries textiles.— On en compte deux principales, la *dentelle* et la *papeterie* ; puis viennent, avec un caractère national moins marqué, les *bonneteries* diverses, s'appliquant aux différentes substances textiles ; enfin tout ce qui, ayant trait au vêtement, a pour base la filature et le tissage des étoffes.

L'industrie des dentelles a pris naissance à Alençon où, par les soins de Colbert fut organisée, en 1665, la première manufacture, avec le concours de dentellières que le ministre fit venir de Venise. Depuis, cette industrie s'est fondée dans plusieurs villes qui, chacune avec une spécialité, ont élevé la fabrication de la dentelle à une grande hauteur.

Alençon et Bayeux fabriquent à l'aiguille de riches dentelles d'une solidité qui défie le temps et le blanchissage. Lille et Arras produisaient, il y a quelques années, beaucoup de dentelles à fond clair, dont la mode s'est un peu détournée de nos jours. Bailleul (Nord) et ses environs tissent la dentelle dite *Valenciennes*, moins fine que la Valenciennes d'Ypre, mais qu'on recherche pour sa blancheur, sa solidité et son prix. Chantilly, Bayeux et Caen fabriquent les grandes pièces de dentelles noires qui servent pour robes, chales, etc. Dans ce groupe, Caen possède la fabrication commerciale par excellence avec ses bandes et garnitures en dentelle noire. Bayeux est la première fabrique du monde pour les grands morceaux à mailles et à dessins riches. Mirecourt est très-connue pour ses créations nouvelles, la bonne qualité et la variété de ses genres. Le Puy (Haute-Loire) est le centre de la plus importante fabrication qui s'étend sur quatre départements : Haute-Loire, Cantal, Puy-de-Dôme, Loire, dont le Puy est le grand marché. Cette fabrication, qui consiste surtout en dentelle commune de grande consommation, donne du travail à près de 100.000 femmes répandues dans les montagnes. De toutes les manufactures de dentelles en France et à l'étranger (Belgique, Angleterre), aucune ne provoque un commerce d'exportation aussi considérable que celle du Puy.

On évalue à 200.000 le nombre des femmes employées à cette industrie, qui offre le rare avantage d'être exercée au sein de la famille, sans priver l'agriculture des bras nécessaires.

Les conditions économiques particulières dans lesquelles cette fabrication vit en France, nous font peu redouter la concurrence des étrangers. L'Allemagne avec ses dentelles de Saxe, la Grande-Bretagne avec ses points d'Irlande, de Buckingham et d'Honiton et la Belgique, qui se rapproche le plus de nous par ses riches dentelles de Malines, Grammont, Bruxelles, Ypres et les Flandres, copient nos dessins et exploitent nos idées sans autre avantage que de vendre leurs produits lorsqu'une nouveauté a déjà remplacé chez nous celle qu'ils ont contrefaite.

La papeterie comprend deux branches distinctes : papiers peints et papier à écrire. Paris et Lyon ont les plus considérables manufactures de papiers peints ; Annonay et Angoulême les plus anciennes fabriques de papier à écrire.

Troyes est le premier centre pour la bonneterie de coton et de laine ; Lyon et le Gard vont de pair pour la bonneterie de soie.

Il nous reste à dire quelques mots des industries dérivées de la production des métaux et de quelques industries diverses :

La construction des machines se rencontre dans tous les centres dont nous avons signalé les forges et les hauts-fourneaux. Le Creuzot tient la tête et rivalise avec Birmingham, Essen, Liège et tous les grands ateliers du monde.

On fabrique les armes à Saint-Étienne, Châtellerault, Maubeuge, Charleville ; les canons à Ruelle, Nevers, Bourges, Douai et Toulouse ; la coutellerie à Thiers, Châtellerault et Langres.

Les machines agricoles sont fabriquées dans les grands ateliers de Paris, Saint-Denis, Toulouse, etc. ; la quincaillerie à Saint-Étienne, Toulouse, Maubeuge, Laigle, Rugles, etc. ; la clouterie à Charleville, Valenciennes, Moret ; la bijouterie à Paris, grand centre de fabrication des articles de fantaisie, désignés sous le nom d'articles de Paris, comprenant, indépendamment de la bijouterie fine ou d'imitation, la brosserie, la tabletterie, etc.

Paris est aussi le centre de l'horlogerie fine et de précision ; Besançon, Beaucourt, Montbelliard et Beauvais ont plus pour spécialité l'horlogerie commune. De ces quatre dernières villes, Besançon est de beaucoup la plus importante. Ce groupe fournit les 80/100 des montres répandues dans le commerce français. La fabrique de Besançon occupe plus de huit mille personnes, douze à quinze mille dans son rayon, et le total des montres qui sortent annuellement des ateliers de la contrée est presque de 400.000, tandis que Paris dépasse à peine le nombre de 1.500.

Nous avons à lutter contre la Suisse et l'Angleterre, dont l'horlogerie comprend les mêmes genres qu'en France.

Les cantons de Genève, de Neufchâtel, de Vaud et de Berne fournissent avec Londres, Cowentry, Birmingham et Liverpool les marchés d'Europe et du monde. Notre fabrique, moins ancienne que celle de la Suisse, gagne du terrain. Aussi Genève et Neufchâtel se préoccupent-elles déjà de l'éventualité d'une diminution d'exportation. L'Angleterre est moins à redouter ; d'abord, elle n'est pas comme la Suisse, voisine du foyer de notre fabrication ; puis elle s'occupe plus spécialement de l'approvisionnement de ses colonies.

Le tableau de notre industrie se complète par la mention des industries diverses dans les centres principaux où elles s'exercent.

Les produits chimiques ont pour centre Paris, Lyon, Vienne pour les bougies ; Marseille, Paris, Rouen, Amiens, Nantes, pour la savonnerie ; Ivry, Grenelle, Clichy et Saint-Ouen, pour les couleurs minérales.

Les industries alimentaires comprennent : 1° la meunerie, pour laquelle la France occupe le premier rang en Europe. Des douze régions où elle se rencontre, on peut citer le rayon de Paris qui embrasse la Beauce, la Brie et l'Ile-de-France. Viennent ensuite, avec moins de perfectionnement, la meunerie normande, celles du Nord, de Gray, du Lyonnais, de Nérac, etc. ; 2° les pâtes alimentaires à Clermont-Ferrand, qui s'approvisionne aux greniers d'Auvergne ; à Lyon, dont la fabrication repose surtout sur l'importation des blés durs d'Algérie ; à Paris, où sont transformés les blés durs et demi-durs de diverses provenances, principalement de la Flandre ; 3° les raffineries de sucre, à Nantes, Bordeaux, le Havre et Marseille pour le sucre des colonies ; à Valenciennes, Douai, Lille et Cambrai pour le sucre indigène.

Les industries relatives au bâtiment et à l'ameublement s'exercent partout. Elles comprennent : 1° les faïences et poteries qui sont fabriquées principalement à Paris, Nevers, Tours, Creil, Gien, Bordeaux ; les porcelaines à Limoges et à Paris dans la manufacture de Sèvres ; 2° la verrerie que l'on rencontre généralement près des régions boisées et des houillères, comme à Fresne, Anzin, Rive-de-Gier, Givors, etc. ; 3° la cristallerie, à Clichy-la-Garenne, près Paris, à Baccarat, Fourmies, etc. ; 4° les glaces, à Saint-Gobin, qui possède la plus ancienne de nos manufactures, à Cirey, Montluçon, etc.

Les industries relatives au vêtement sont encore plus répandues que les précédentes. Elles comprennent : 1° la chapellerie, que fabriquent toutes les villes importantes. Lyon est cependant remarquée pour le nombre et l'importance de ses fabriques ; Aix, pour ses chapeaux de feutre ; 2° la chaussure que fabriquent en grand, pour l'exportation Paris, Nantes, Bordeaux, Marseille et Limoges ; 3° la ganterie, à Paris et Grenoble ; 4° la parfumerie, à Paris, Nice, Grasse, etc.

CHAPITRE V

COMMERCE

Dans la plupart des pays, quand on parle statistique commerciale, on ne pense qu'au commerce extérieur. C'est du moins le seul sur lequel on possède des renseignements chiffrés. Cependant le commerce intérieur est bien autrement important et considérable. Les voies de communication sont ses plus puissants et ses indispensables auxiliaires; c'est pour cela qu'il convient de les étudier dans le chapitre du commerce d'un pays.

Sur le bord des fleuves et des rivières, le commerce établit ses escales et ses comptoirs, premier germe des foires les plus célèbres. Beaucaire, Francfort, Leipzig et Nijni ont été dans cette condition. Mais, le commerce ayant été modifié par l'augmentation des voies de communication et les échanges ayant dans la plupart des pays acquis un caractère de permanence dû à la multiplicité de ces voies de communication, les foires n'ont plus de raison d'être.

Là d'ailleurs ne se borne pas le rôle des fleuves et de leurs compléments, les canaux et les rivières ; ils ont aussi un rôle industriel par les irrigations et la force motrice qu'ils peuvent fournir dans les régions qu'ils arrosent.

L'embouchure des fleuves est, comme tout leur cours, en relation directe avec tout le pays, soit au point de vue commercial, soit au point de vue industriel.

Mais ces chemins, les premiers qui aient été utilisés, ne sont plus les seuls. Les routes et les chemins de fer sont venus, non pas amoindrir leur importance, mais leur donner un rôle plus spécial dans le service commercial d'un pays. Les chemins de fer, voies rapides, sont complétés par les routes qui étendent l'influence de leur rapidité jusque dans les villes et les villages éloignés. Les fleuves et toutes les artères de navigation sont restés voies lentes, malgré l'emploi de la vapeur, parce que le fleuve n'est pas dirigeable comme un tracé de voie ferrée, suivant la ligne la plus courte, et que souvent le courant est un obstacle à la marche rapide.

Les routes de terre, en France, sont de deux sortes : celles de grande voirie, routes nationales et routes départementales ; celles de petite voirie, chemins vicinaux de grande communication, chemins d'intérêt commun et chemins vicinaux ordinaires. Les grandes routes nationales forment un réseau de 86.000 kilomètres, et les chemins vicinaux offrent un total d'environ 270.000 kilomètres.

Nous n'étudierons les cours d'eau et les chemins de fer qu'au point de vue purement commercial.

Le bassin de la Seine est le plus étendu, le plus complexe et le plus productif de tous les réseaux des voies navigables de notre pays. Ce réseau, dont la Seine forme l'artère principale, développe une longueur totale de 2.550 kilomètres. Il comprend l'Oise canalisée et les canaux qui y aboutissent ; le groupe de la Marne et des canaux qui la réunissent à l'Aisne, à la Meuse, à la Moselle et au Rhin; le réseau de l'Yonne et des canaux du Nivernais et de la Bourgogne ; puis le cours de la Seine et les canaux qui la mettent en communication avec la Loire. L'importance de ce réseau tient surtout à l'énorme population de Paris, dont l'approvisionnement lui est confié en partie, et au rôle considérable de l'industrie parisienne dans l'ensemble de la production nationale. Il représente, à lui seul, les 2/3 du trafic du réseau français, quoique sa longueur ne soit que 1/5 de cet ensemble. Aussi a-t-il été constamment l'objet d'une sollicitude particulière de la part des gouvernements français qui, tous, depuis Henri IV jusqu'à nos jours, ont contribué à son extension.

Le premier groupe, celui de l'Oise, se compose de trois rivières partiellement canalisées : l'Oise, la Sambre et l'Aisne et de trois canaux importants : celui de Saint-Quentin, celui de la Sambre à l'Oise et le canal des Ardennes. C'est par ce système de 565 kilom. de développement que le bassin de la Seine se trouve en communication avec ceux de l'Escaut, de la Somme, de l'Oise et de la Sambre. Il dessert un trafic de 543 millions de tonnes kilométriques.

Le groupe de la Marne comprend un canal latéral, le canal de l'Aisne à la Marne, le canal de la Marne au Rhin et le canal de l'Ourcq qui forme à Paris le bassin de la Villette et prend ensuite le nom de canal Saint-Martin. Les 678 kilom. de ce second réseau desservent un trafic de 224 millions de tonnes kilométriques.

Le réseau de l'Yonne se compose de cette rivière canalisée et des deux grands canaux de Bourgogne et du Nivernais. Il dessert un trafic de 100 millions de tonnes.

Enfin, le réseau de la Seine qui, au point de vue de la navigation intérieure se termine à Rouen, est formé de l'Aube, qui devient navigable à Arcis (Aube), du canal de la haute Seine entre Troyes et Marcilly, du canal du Loing qui se prolonge à l'ouest par le canal d'Orléans et au sud par le canal de Briare. Il comprend enfin la basse Seine augmentée de l'Eure, canalisée jusqu'à Louviers. Ce réseau, le plus important de tous, alimente un trafic de 415.000.000 de tonnes kilométriques. Le plus ancien des canaux de ce bassin est le canal de l'Ourcq, considéré comme navigable dès 1528.

Bien que ce premier réseau soit le meilleur de notre système de navigation intérieure, il est loin d'atteindre à la perfection désirable. On lui reproche son peu d'uniformité dans le tirant d'eau et dans le taux de fret. Les dimensions des écluses varient beaucoup, ce qui constitue un sérieux empêchement à la continuité de la navigation. Ainsi le défaut de longueur des écluses interdit l'accès du canal des Ardennes à une grande partie des bateaux qui naviguent sur les canaux du Nord.

Cependant, tel qu'il est, ce réseau constitue pour le pays une abondante source de richesse.

Le bassin du Rhône ressemble peu à celui de la Seine ; il est, au contraire, le plus simple de lignes, le plus limité d'étendue et le plus improductif. Sa grande artère constituée par le Rhône lui-même de Lyon à la mer et par la Saône, son prolongement géographique, ne dessine qu'une ligne unique du nord au sud et ne se rattache que d'une manière incomplète aux réseaux maritimes et fluviaux qui l'avoisinent, et cependant, telle est son importance au point de vue des relations commerciales du continent avec la Méditerranée, qu'aucun autre fleuve de l'Europe ne peut lui être comparé sous ce rapport.

C'est par le Rhône et la Saône que Marseille, devenu notre premier port, communique avec le nord de la Suisse, l'ouest de l'Allemagne, la Belgique, le nord et le centre de la France. La prospérité de ce grand port dépend en grande partie de l'état des voies navigables qui y aboutissent.

Aucun autre port n'a été à cet égard aussi favorisé par la nature. Brindisi, Gênes, Trieste et Venise ne peuvent être desservies que par des chemins de fer. Et l'Europe entière deviendrait notre tributaire pour ses transports économiques dans cette direction si la canalisation du bassin du Rhône répondait aux exigences de la navigation.

Ce bassin, en y comprenant ses affluents et ses canaux annexes plus ou moins importants, présente un développement total de 1.624 kilom. dont 674 pour le groupe de la Saône et 950 pour celui du Rhône. Son trafic ne dépasse guère 240 millions de tonnes kilométriques.

Le groupe de la Saône se compose de la Saône elle-même, navigable depuis Lyon sur une longueur de 366 kilomètres, du canal du Rhône au Rhin, dont la section restée française n'est plus guère que de 192 kilom.; du Doubs, de la Seille canalisée entre Louhans et la Saône (39 kilom.) et du petit canal de Pont-de-Vaux, près de Bourg. La Saône reçoit, en outre, à Saint-Jean-de-Losne le canal de Bourgogne, et à Chalon, celui du Centre, qui la mettent en communication avec le versant de l'Océan Atlantique.

Cette partie supérieure du bassin du Rhône serait une des plus utiles artères de notre navigation intérieure, grâce à l'abondance des eaux de la Saône et à la faiblesse de sa pente, si l'état actuel du Rhône n'était pas devenu un obstacle au développement régulier de son trafic.

Le groupe du Rhône comprend, en dehors du Rhône lui-même, dont la longueur navigable est de 546 kilom., trois rivières : l'Ain, l'Isère et l'Ardèche, et trois canaux, ceux de Givors, de Beaucaire, et d'Arles à Bouc. C'est un développement total de

950 kilomètres qui desservent un mouvement de 108 millions de tonnes kilométriques.

Dans le trafic, l'Ain et l'Ardèche ne figurent guère que pour mémoire et il n'y a aucun parti à en tirer. L'Isère, plus importante et dont les 146 kilom. navigables seraient d'une utilisation assez facile, est amoindrie par le chemin de fer de Valence à Grenoble.

Le canal de Givors avait été, dans le principe, destiné à unir le Rhône à la Loire, mais il n'a pas été terminé. Celui de Beaucaire, entre cette ville et Aigues-Mortes, et celui d'Arles à Bouc, à l'entrée de l'étang de Berre, n'auront d'importance que lorsque l'artère principale aura été améliorée.

D'Arles à Lyon, section à canaliser, le fleuve mesure 283 kilom. Il coule sur un lit de gravier d'une extrême mobilité, et impose à la batellerie, déjà entravée par sa vitesse et son débit inégal, environ trois mois de chômage par suite des crues, des basses eaux, des brouillards et des glaces qu'il charrie. Aussi le fret y est-il très-élevé, ce qui n'empêche pas son trafic de monter à 83 millions de tonnes kilométriques.

Dans l'étude des deux bassins précédents, nous avons parcouru la plus grande partie de notre réseau de navigation. Le bassin de la Garonne est isolé du reste du pays, et ce n'est que par le canal des Étangs qu'il communique avec le réseau si imparfait du bassin du Rhône. Ce réseau se compose de la Garonne, de son canal latéral, du canal du Midi et du canal des Etangs.

La Garonne offre une ligne de navigation de 469 kilom., depuis Roquefort jusqu'à son embouchure. Entre Roquefort et le confluent du Tarn, la navigation est nulle à cause de l'insuffisance du tirant d'eau et de la rapidité du courant. A partir de ce confluent jusqu'à Castets, la navigation peut avoir lieu, à la rigueur, sur un parcours de 157 kilom., mais elle suit le canal latéral.

De Castets à Bordeaux, la navigation, facilitée par les marées, est fluviale et maritime. De Bordeaux à l'Océan, elle est exclusivement maritime.

Le canal latéral à la Garonne commence à Toulouse où il fait suite au canal du Midi, et aboutit dans la Garonne, près du village de Castets.

Il se trouve, par de courts embranchements, en fréquentes communications, soit avec la Garonne à Toulouse et à Agen, soit avec le Tarn à Montauban, à Moissac, soit avec la Baïse; et, malgré ces conditions favorables de navigabilité, le mouvement est peu important. Cela tient surtout à l'élévation des droits de navigation perçus par la compagnie concessionnaire, qui n'est autre que celle des chemins de fer du Midi.

Le canal du Midi, créé par Riquet, prend son origine en aval de Toulouse; il franchit, au col de Naurouse, le faîte qui sépare le versant de l'Océan de celui de la Méditerranée, traverse l'Hérault aux environs d'Agde et vient aboutir dans l'étang de Thau.

A la rencontre de l'Aude et du canal se détache un embranchement dit canal de Narbonne, qui descend au port de la Nouvelle.

L'entretien du canal du Midi laisse à désirer, et les herbes sont souvent une grande gêne pour la navigation. Ce canal a été loué en mai 1858 par la compagnie des chemins de fer du Midi, pour une durée de quarante ans.

Le canal des Étangs commence à l'étang de Thau, traverse les étangs de Vic et de Maugio, et aboutit à Aigues-Mortes où il est continué par le canal de Beaucaire.

Cette longue ligne de navigation s'étend entre Aigues-Mortes et l'embouchure de la Gironde sur 618 kilomètres.

La Loire est classée comme étant navigable depuis la Noirie (près du Chambon, sud du département de la Loire) jusqu'à son embouchure, à Saint-Nazaire, sur un parcours de 823 kilom.; mais de la Noirie à Roanne (101 kilom.), la navigation est à peu près nulle. Elle consiste simplement dans la descente de quelques bateaux vides en sapin, construits dans la montagne. De Roanne à Chatillon-sur-Loire (263 kil.), la Loire n'est encore utilisée que pour quelques transports à la descente et à courte distance. Les bateaux qui chargent à Roanne utilisent les canaux latéraux, au lieu de courir les chances d'une navigation difficile et quelquefois dangereuse. De Chatillon à Saumur (271 kilom.), la navigation n'a guère lieu qu'à la descente, et encore est-elle souvent entravée et suspendue par les basses eaux. Ce n'est qu'au printemps et à l'automne, ou bien à la faveur de crues accidentelles, que des bateaux peuvent partir de Chatillon avec des chargements de 60 à 80 tonnes. De Saumur à Nantes (132 kilom.) les transports s'effectuent dans d'assez bonnes conditions, tant à la descente qu'à la remonte. De Nantes à Saint-Nazaire (56 kilom.) la navigation est maritime, cependant avec un temps calme, on fait arriver dans les bassins de Saint-Nazaire de simples bateaux de canal.

La Loire n'est donc navigable en toute saison qu'à partir de Saumur, station d'arrêt des bateaux à vapeur qui remontent.

Le fleuve est la ligne principale du réseau, qui se complète par le canal du Centre, le canal latéral à la Loire, le canal du Berry et le canal de Nantes à Brest.

Chemins de fer. — On compte en France six grandes compagnies qui exploitent chacune une région déterminée du territoire. Ce sont celles du Nord, de l'Est, de l'Ouest, d'Orléans, de Paris-Lyon-Méditerranée et du Midi. Un certain nombre de réseaux secondaires ou de lignes isolées sont concédées à des compagnies diverses. La longueur totale des chemins de fer livrés à l'exploitation est de 17,500 kil.; si l'on y ajoute les 1,170 kilom. exploités par vingt petites compagnies, on a pour le réseau français un total de 18,670 kilom. L'administration des travaux publics a fait chacun de ces six grands commandements de chemins de fer indépendants les uns des autres, et les a investis d'un monopole qui frappe inégalement les diverses parties du territoire.

Le midi de la France est beaucoup plus atteint que le nord, parce que dans le nord la concurrence est possible par les voies navigables, parmi lesquelles on peut citer les canaux qui rattachent la Belgique à Paris, et la Seine qui est un compétiteur sérieux pour la compagnie de l'Ouest. De plus, Paris étant l'entrepôt par excellence des produits français, le midi extrême en est trois fois plus éloigné que le nord; il en résulte que l'inconvénient de la lenteur des transports lui est préjudiciable. Dans le midi, on avait le canal latéral à la Garonne et le canal du Languedoc qui eussent pu rendre à cette région les mêmes services que ceux du nord, mais ils ont été abandonnés à la compagnie du Midi.

Le réseau de l'Ouest unit Paris aux ports de la Manche et se compose des lignes Paris au Hâvre, Paris-Cherbourg, Paris-Brest, Paris-Granville.

La riche contrée que dessert ce réseau en fait immédiatement ressortir toute l'importance, et les productions que nous avons reconnues dans la région nord-ouest indiquent la nature de son trafic.

La compagnie de l'Ouest se réunit un peu à tous les autres réseaux par le chemin de fer de ceinture qu'elle exploite autour de Paris, et qui unit toutes les têtes de lignes sur une ligne continue stratégique protégée par les fortifications de Paris.

Le réseau du Nord est formé des trois lignes :

Paris à Calais par Boulogne, Paris à Lille et Dunkerque, Paris à Maubeuge. Ce réseau est commercialement le plus important de notre territoire. Il fait communiquer la région du nord, la plus industrielle de toutes, avec Paris, le grand centre de consommation et le plus grand entrepôt de nos produits d'industrie. De plus, il nous fait pénétrer en Belgique, et de là en Allemagne.

Le réseau de l'Est comprend deux lignes principales : de Paris à Avricourt, ancienne ligne de Paris à Strasbourg ; de Paris à Belfort, ancienne ligne de Paris à Mulhouse.

Le réseau Paris-Lyon-Méditerranée comprend trois lignes principales : Paris-Lyon par la Bourgogne, Paris-Lyon par le Bourbonnais, Lyon-Marseille. Il comprend, en outre, les trois lignes secondaires : Saint-Germain-Nîmes-Tarascon, Mâcon-Bourg-Culoz-Genève, Culoz-Turin.

Le réseau du Midi, qui se rattache au précédent par la ligne de Nîmes à Cette, se compose d'une ligne principale de Cette à Bordeaux, et de deux lignes secondaires, de Bordeaux à Bayonne, de Narbonne à Port-Vendres par Perpignan.

Le réseau d'Orléans est formé de deux lignes principales : de Paris à Bordeaux, de Paris à Agen par Orléans.

Sauf quelques exceptions qui varient d'un réseau à l'autre, la grande vitesse est taxée 40 centimes par tonne et par kilomètre.

Ces exceptions compliquent nos tarifs et embrouillent au possible notre système de trafic.

La petite vitesse, divisée en classes déterminées par la nature des marchandises, est employée par la plus grande partie des expéditeurs. Pour la première classe, le tarif est de 16 centimes par tonne et par kilomètre; pour la deuxième classe, 14 centimes, et 10 centimes pour la troisième. La quatrième classe est taxée 8 centimes jusqu'à 100 kilom., 5 centimes de 100 à 300 kilom., et 4 centimes au-dessus de 300.

Ces différentes classes occasionnent aussi de grandes complications. Un même article qu'on expédie du nord au midi, change le plus souvent de classe en changeant de réseau. Pour ne citer qu'un exemple, l'os brut est taxé quatrième classe au Nord, troisième à l'Est, deuxième au Paris-Lyon, quatrième au Midi, deuxième à l'Ouest, troisième à l'Orléans.

Le commerce intérieur comme le commerce extérieur a pour auxiliaires les institutions de commerce, de crédit, les chambres de commerce, les administrations des postes et des télégraphes, les traités de commerce, etc.

La première de nos institutions financières est la Banque de France, l'unique distributrice de crédit et surtout l'unique banque de circulation du pays. Elle est le centre de rayonnement des autres établissement de crédit dont le nombre ne permet pas ici l'énumération.

Les chambres de commerce ont pour principale mission d'éclairer le gouvernement sur les questions commerciales et de lui soumettre leurs vœux.

Les traités de commerce ont pour but de faciliter les relations internationales du commerce maritime. Ils règlent la libre fréquentation, par les bâtiments marchands d'une puissance étrangère, des ports ouverts au commerce. La France a conclu des traités de commerce, non-seulement avec les nations européennes, mais elle en a contracté avec les peuples de l'Amérique, de l'Afrique et de l'Asie.

Pour l'Europe, les plus importants sont ceux conclus avec l'Angleterre, les Pays-Bas, le Danemark, le Portugal, la Russie, la Turquie, l'Italie.

En Amérique, les États-Unis, le Brésil, la Bolivie, l'Uruguay, le Venezuela, l'Équateur, le Chili, l'Amérique centrale, la Confédération argentine, la Nouvelle-Grenade, le Pérou.

En Afrique, avec Tunis, Tripoli, Liberia, Madagascar.

En Asie, avec la Perse, Siam, la Chine, le Japon, le Cambodge.

Les monnaies sont encore un auxiliaire indispensable du commerce. On sait quelle est la base de notre système monétaire et quels avantages il présente sur celui des autres nations. La Belgique, la Suisse et l'Italie reconnaissant ces avantages, l'ont adopté et ont signé avec la France un traité portant le nom de convention monétaire.

Commerce extérieur. — Les voies de communication intérieure se prolongent à travers les océans par les lignes de navigation maritime et les câbles électriques sous-marins qui sont plus particulièrement les voies du commerce extérieur. Ce commerce comprend deux parties : *l'exportation* ou transport à l'extérieur des produits de l'intérieur, que ce soient les produits du pays même ou ceux qui, par le moyen du *transit*, proviennent des pays voisins ; *l'importation* ou transport à l'intérieur des produits du dehors. Ces deux services du commerce extérieur s'effectuent par l'intermédiaire des *ports*, stations de commerce établies sur le littoral, où l'on déclare dans les *douanes* l'entrée et la sortie des marchandises, et d'où rayonnent, vers les pays éloignés, les lignes que font suivre à leurs navires les compagnies de navigation et les armateurs.

La France possède 218 ports, tant marchands que militaires : 62 sur la Manche, 103 sur l'Atlantique, 53 sur la Méditerranée. Nous nous bornerons aux plus importants :

Marseille, le premier de nos ports de commerce est largement pourvu de services maritimes exploités par deux grandes compagnies et plusieurs compagnies particulières.

La plus importante est la compagnie des messageries maritimes, anciennes messageries impériales, puis nationales, à la tête de plusieurs services auxquels sont affectées huit lignes principales :

Un service bi-mensuel pour l'Inde, l'Indo-Chine, la Chine par le canal de Suez, avec annexes sur la Réunion et Maurice, Calcutta, Batavia, Shanghaï et le Japon.

Plusieurs départs réguliers pour les destinations suivantes :

Italie entre Marseille et Civita-Vecchia; Constantinople par Messine, le Pirée avec correspondance pour la mer Noire; Alexandrie par Messine; la Syrie par Palerme, Messine, Smyrne, Beyrouth, Jaffa, Port-Saïd, Alexandrie; Tunis, Alger, Valence et Oran.

La régularité avec laquelle s'effectue le service pour l'extrême Orient, le confortable que ses navires offrent aux voyageurs, fait préférer la compagnie des messageries maritimes à la compagnie anglaise *Peninsular and Oriental*, dont les paquebots partent de Brindisi pour les mêmes destinations.

La deuxième grande compagnie établie à Marseille est celle des transports maritimes, dont le service le plus important consiste en un départ bi-mensuel pour le Brésil et la Plata.

En comptant 3 lignes sur Gênes et 3 lignes sur l'Algérie, il y en a 22 qui unissent Marseille au reste du monde.

Pendant les dix dernières années, le mouvement de la navigation de Marseille avec l'Algérie, a plus que triplé. Cet accroissement est dû non-seulement au développement régulier et progressif des relations commerciales avec la colonie algérienne, mais aussi aux nombreux arrivages de bestiaux et de minerai de fer que Marseille tire de cette contrée depuis quelques années, en même temps que des laines, peaux, huiles, tabacs, produits forestiers de même provenance.

Les chiffres de la navigation de ce port sont les suivants, en nombres ronds :

LONG COURS.

Entrée.........	780 navires :	344,700 tonneaux
Sortie..........	790 —	342,000 —

CABOTAGE.

Entrée.......	8,200 navires :	2,120,000 tonneaux
Sortie.......	7,840 —	2.125,000 —

Soit, entrées et sorties réunies, 17,510 navires, jaugeant près de 5 millions de tonneaux.

Ces chiffres considérables s'expliquent par l'importance du commerce marseillais, qui porte principalement sur les articles bestiaux, café, vins, céréales, pâtes alimentaires, sucres, tourteaux, savon, graisse, huiles, plomb, etc.

Au chapitre des produits animaux de la France, on a vu ce qu'est le commerce des bestiaux à Marseille.

L'importation des cafés à ce port, représente environ le tiers des importations totales de café en France. Elle y atteint 20 millions de kilog. dont 125,000 kilog. proviennent des entrepôts d'Angleterre et de Belgique. Le Brésil fournit la moitié de cette importation, puis viennent les Indes hollandaises et anglaises, l'Égypte, le Vénézuela, Haïti, Cuba et Porto-Rico.

Sur les 20 millions de kilog. importés, 5 millions 1/2 seulement sont livrés à la consommation; le reste devient l'objet d'un commerce extérieur très-actif et très-productif pour Marseille.

L'exportation des vins et autres boissons spiritueuses, s'élève à 26 millions 1/2 de litres, et fournit aux différentes contrées européennes : Angleterre, Belgique, Allemagne, Italie, Suisse. Elle est surtout très-importante pour l'Égypte, le Brésil, qui en demandent chacun 3 millions de litres, et les États-Unis

2 millions. L'exportation des liqueurs dépasse 3 millions de litres, malgré la concurrence que la Hollande fait à Marseille pour les liqueurs douces.

D'après les relevés de la douane, l'importation des céréales atteint presque 5 millions de quintaux, provenant surtout des provinces danubiennes et d'Odessa. Indépendamment du commerce des grains, cette importation alimente l'industrie des pâtes alimentaires qui a pris à Marseille un développement considérable, surtout dans la fabrication des semoules. L'exportation de ce dernier produit dépasse 2 millions de kilog. qui se placent principalement en Allemagne et en Suisse. Encouragés par de bons résultats, les industriels marseillais créent de nouvelles fabriques de pâtes alimentaires. Ces produits entrent de plus en plus dans la consommation et trouvent dans l'approvisionnement des navires un débouché de plus en plus important.

L'importation des sucres bruts et raffinés se chiffre en moyenne par 55 millions de kilog., comprenant surtout les sucres bruts provenant des colonies françaises et de l'étranger.

Il n'est peut-être pas de commerce qui se soit plus rapidement développé à Marseille que celui des tourteaux, résidus des huileries. Ce développement est dû à l'emploi de plus en plus général que l'agriculture fait de cet utile engrais, depuis qu'on a compris la nécessité de fortifier les terres dont l'épuisement est pour beaucoup dans l'expansion de certains insectes nuisibles.

Il y a dix ans à peine, les huileries de Marseille livraient au commerce de la place environ 600,000 quintaux métriques de tourteaux. Déjà à cette époque, l'Angleterre demandait à l'industrie marseillaise des quantités de tourteaux de lin, qu'elle employait à la nourriture des bestiaux. Actuellement, la production s'élève à environ 1,200,000 quintaux, vendus surtout dans le département des Bouches-du-Rhône et la région méridionale de France, en Angleterre, en Espagne, en Italie et dans les colonies.

Les savonneries produisent de 47 à 50 millions de kilog., dont 9 millions sont exportés et le reste sert à la consommation de la France.

Depuis 1861, les importations de graisses ont pris un notable développement, et à Marseille elles arrivent souvent à représenter le tiers de l'importation totale de ces substances en France, soit 10 millions de kilog. Les principaux pays de production sont les États-Unis, la Plata et l'Uruguay, qui ont pris le pas sur la Russie (mer Noire), d'où provenaient autrefois les plus grandes quantités.

Marseille est un grand marché pour le plomb. Les quantités importées d'Espagne et de Grèce sont annuellement de 20,000 tonnes environ. A ce chiffre, il faut ajouter les plombs provenant du traitement des minerais qui viennent de Sardaigne, d'Italie, d'Algérie et du Levant, et qu'on peut évaluer à 3,000 tonnes par an. Comme exportation de plomb, Marseille tend tous les jours à perdre de son importance L'Amérique, un de ses principaux débouchés, possède en Californie des mines récemment découvertes dont la production suffira à la consommation du Nouveau-Monde. C'est une perte considérable, car l'Amérique achetait en Europe, toutes les années, 60 à 80,000 tonnes de plomb. L'Italie a également fait de grands progrès dans ce genre d'industrie, et les usines qui s'y sont établies produisent déjà beaucoup.

Les principales qualités de cotons qui trouvent un débouché à Marseille sont le Jumel (Egypte), Salonique, Tarsous (Asie-Mineure) et Smyrne, importés en quantité totale d'environ 70,000 balles. Quand au coton des Indes, son importance à Marseille va toujours en diminuant. On pouvait espérer, depuis l'ouververture du canal de Suez, qu'il se formerait sur cette place un entrepôt de coton des Indes ; mais Trieste, Venise et Gênes, étant reliées à l'Indoustan par des lignes régulières de bateaux à vapeur, les expéditeurs de Bombay ont donné la préférence à la voie d'Italie. Sur les 5 millions 1/2 de balles qui représentent le commerce d'exportation du coton de l'Inde, Marseille ne compte que pour 100,000 balles.

Les ventes de soies dépassent le chiffre de 4,000 balles, provenant principalement de la Chine, du Japon et de l'Inde. Cette branche du commerce marseillais doit beaucoup au service des messageries maritimes.

Les balles de laine arrivent aujourd'hui au nombre d'environ 180,000, principalement du Levant, de la Syrie, de l'Algérie, qui, à elle seule, en envoie 60,000 balles, et, pour des quantités moindres, des Indes (300 balles), de l'Angleterre et de la Belgique.

Tels sont en résumé les principaux éléments du trafic de notre premier port de commerce.

Il a pour annexe le port de Cette, point d'embarquement des vins du Midi. Son mouvement d'entrée comprend 200,000 tonnes, et la sortie à peu près le même nombre. L'Espagne et L'Italie fournissent à la plus grande partie des chargements à l'entrée.

Le Havre, par les grandes lignes de navigation dont il est la tête, prolonge le réseau des chemins de fer de l'Ouest.

La ligne la plus importante appartient à la compagnie générale transatlantique dont les paquebots partent tous les quinze jours (jeudi ou vendredi) pour New-York avec escale à Brest.

Indépendamment de cette grande ligne, il en existe une seconde pour la même destination, et que suivent les steamers français, partant le 10 de chaque mois.

La compagnie transatlantique hambourgeoise dirige ses navires tous les samedis sur les États-Unis que desservent aussi les vaisseaux de la *National line* (anglaise).

Pour la Nouvelle-Orléans et la Havane, les steamers brêmois ont des départs tous les quinze jours, de septembre en avril.

La compagnie française des chargeurs réunis embarque, le 1er de chaque mois, pour le Brésil, et le 16, pour la Plata. Les steamers hambourgeois de la compagnie Kosmos, pour Valparaiso et Lima, une fois par mois.

En ajoutant à ces services principaux ceux de la côte anglaise et du cabotage, on compte 26 lignes desservant ce port.

Placé directement en concurrence avec l'Angleterre et l'Allemagne, le Havre est obligé à de grands efforts pour soutenir la lutte, et, contrairement à ce qui se passe à Marseille, l'effectif des navires et des tonneaux français y est très-inférieur en nombre à l'effectif des tonneaux étrangers.

La navigation se chiffre à l'entrée par 2,400 navires et 1,150,000 tonneaux ; à la sortie, par 1,420 navires et 716,000 tonneaux, sur lesquels la France prend à l'entrée 630 navires avec 244,000 tonneaux, à la sortie, 470 navires avec 230,000 tonneaux.

Ces chiffres ne portent que sur des navires chargés. Ils indiquent la préférence marquée du commerce d'exportation pour les bâtiments nationaux ; puisque avec 470 navires à la sortie, on retrouve un tonnage presque égal à celui correspondant au nombre des navires de l'entrée. Ce fait est non-seulement à l'éloge du commerce, mais surtout à l'éloge de la marine marchande française.

Le Havre importe toute espèce de marchandises, mais surtout des matières premières qu'il reçoit de tous les points du globe, particulièrement des deux Amériques, des Indes anglaises et des pays septentrionaux de l'Europe.

Au nombre de ces matières premières, il faut citer le coton (380,000 balles) provenant des États-Unis et du Brésil, les bois précieux et de teinture que lui envoie l'Amérique méridionale, le café (515,000 sacs), les céréales (1,260,000 hectolitres), l'huile de pétrole (230,000 barils), les laines (80,000 balles), le sucre des Antilles et de la Sud-Amérique, les suifs et graisses, etc.

Le Havre sert de port de transit à une partie des articles d'exportation de la France, mais ne produit lui-même qu'un petit nombre d'articles destinés à l'exportation. Ces articles sont les sucres raffinés, les extraits de bois, les produits chimiques, les machines, les confections, etc. Les sucres vont principalement en Angleterre, en Allemagne, en Suède, en Norvège, aux colonies, dans l'Amérique du sud ; les extraits de bois, en Allemagne, en Russie, en Angleterre, en Espagne, en Portugal ; les produits du sol un peu partout, mais en Angleterre surtout.

Ce port est aussi le principal point de départ des émigrants français pour les États-Unis et les autres parties de l'Amérique. A cet égard, il rend de grands services au commerce français, car cette émigration a surtout pour effet de provoquer un échange considérable avec le pays où se fixent nos compatriotes, qui y introduisent les goûts de la mère-patrie et lui créent des débouchés sérieux. C'est par ce moyen que la Suisse et l'Allemagne sont parvenues à donner une grande extension à leur commerce.

Bordeaux n'a pas un nombre suffisant de lignes à vapeur pour le mettre en communication avec les pays étrangers. Il est desservi par quelques lignes françaises, anglaises, allemandes, belges et hollandaises, pour la navigation du cabotage ; mais en ce qui touche la navigation du long cours, il n'a à sa disposition que la ligne des messageries maritimes qui dessert le Sénégal, le Brésil, la Plata et la ligne transatlantique de Saint-Nazaire aux Antilles, reliée à Bordeaux par un vapeur annexe. Des vapeurs étrangers, desservant diverses lignes, touchent accidentellement à Bordeaux; mais on n'y trouve bien établie que la compagnie anglaise du Pacifique, dont les navires passent par le détroit de Magellan et se rendent au Pérou en moins de quarante-cinq jours. Plusieurs lignes de navires à voiles relient Bordeaux au golfe du Mexique, aux Antilles, à la Plata, au Chili, au Pérou, à l'Amérique centrale, à la Californie, au Sénégal, à la Réunion, Maurice et Pondichéry. La prospérité de la plupart de ces lignes se trouve liée à l'existence de maisons lointaines qui préparent les chargements de retour. Remarquons, en passant, que c'est là tout le secret de la grande prospérité de la marine anglaise.

Bordeaux est le port d'exportation par excellence, aussi le tonnage de la sortie est-il supérieur à celui de l'entrée : 670,000 tonneaux contre 560,000. La grande exportation consiste en vins et céréales; l'importation des cafés, denrées coloniales, sucres bruts, tient le premier rang.

Les vins, les liqueurs et tous les spiritueux de la contrée sont expédiés de ce point en quantité de 155 millions de litres environ chaque année. Les résines comptent aussi parmi les principaux articles exportés.

L'Angleterre, l'Allemagne, la Belgique, la Hollande, l'Amérique du sud, les États-Unis, l'Australie et l'Inde sont les débouchés ordinaires du commerce bordelais.

Il y a peu de temps, les ports de Nantes et Saint-Nazaire étaient desservis par la compagnie transatlantique qui établissait une correspondance mensuelle sur le Mexique, avec annexes sur les Antilles, la Nouvelle-Orléans et les Guyanes, qui se reliaient, par Panama, avec les paquebots de cette compagnie, sur le Pacifique. Aujourd'hui le service mensuel, par la ligne du Mexique, existe encore, mais la compagnie, ne pouvant obtenir du gouvernement français la subvention qu'elle sollicitait, a retiré ses navires du Pacifique, cédant la place à la grande compagnie *Pacific steam navigation*, dont le siége est à Panama.

Du reste, ces deux ports, dont l'activité a été assez grande, ont décliné l'un après l'autre : Nantes, trop exposée à l'envahissement des sables, a encore un mouvement de sortie supérieur à celui de Saint-Nazaire, et demeure, malgré sa position défavorable, le port naturel d'embarquement des blés de l'Ouest et du Centre.

Sur le rivage de l'Atlantique, entre Bordeaux et Saint-Nazaire, nous possédons le port de LA ROCHELLE qui fait, sur une moindre étendue, le même commerce que Bordeaux, et plus particulièrement, exporte les spiritueux des Charentes ; ROCHEFORT, port militaire plutôt que commerçant, prend une certaine part à ce commerce.

Au sud de Bordeaux, BAYONNE est le port d'embarquement des Basques français, qui émigrent à la Plata et à Montevideo, où ils constituent le principal élément d'immigration.

Les quatre ports, DIEPPE, BOULOGNE, CALAIS, DUNKERQUE, sont des annexes du Hâvre. Leur position en face de la côte anglaise serait une cause de prospérité, si nos chemins de fer consentaient, par un abaissement de tarif, à entrer en concurrence avec les chemins de fer belges. Ce n'est qu'à cette condition qu'ils pourront détourner à leur profit une partie du trafic d'Anvers.

Boulogne et Calais sont les deux ports où l'on prend passage pour l'Angleterre. Les paquebots du premier aboutissent à Folkstone, ceux de Calais, à Douvres. Cet important service aura tout à redouter de la concurrence que lui réserve le chemin de fer sous-marin qu'on projette de construire, sous la Manche, entre Calais et Douvres.

Le port militaire de CHERBOURG ne compte dans le commerce que pour ses exportations de substances alimentaires vers les ports du rivage anglais qui lui fait front; SAINT-MALO, qui prend part à cette exportation, est surtout connu comme un des principaux chantiers de constructions navales et comme le centre de recrutement des meilleurs marins français.

Ce port n'est pas notre seul chantier de constructions navales. On doit encore citer Brest, Cherbourg, Lorient, Nantes, Rochefort, Bordeaux, Marseille, Toulon et ses annexes la Ciotat, la Seyne. Presque tous nos ports de quelque importance participent à cette grande industrie représentant une valeur de 300 millions de francs, qui reviennent, pour la plus grande part, aux quatre départements, Gironde, Var, Bouches-du-Rhône, Loire-Inférieure.

Tous nos ports arment plus ou moins pour la pêche. Ceux de la Manche, du Pas-de-Calais et de la mer du Nord sont en première ligne. Le seul port de Dieppe reçoit, en une année, pour 3 millions 1/2 de poissons frais et salés, morue d'Islande, de Terre-Neuve, harengs, etc.

Des constatations faites aux différents ports que nous venons d'énumérer, il résulte que, le plus souvent, et principalement à l'entrée, notre marine est supplantée par la marine étrangère.

Cet état de choses, dû principalement à l'insuffisance des appropriations de nos ports, a occasionné la formation d'une *commission supérieure de la marine marchande*, chargée d'y porter remède.

Nos grands ports sont reliés aux différentes parties du monde par le réseau des câbles électriques sous-marins dont les principales lignes sont :

Le câble de Brest à Boston, qui nous met en communication avec les États-Unis depuis l'année 1869, Ce câble part de l'anse du *Petit-Mitou*, près de Brest, double, au sud, le banc de Terre-Neuve, pour gagner Saint-Pierre et Miquelon, puis, suit la côte de la Nouvelle-Écosse pour attérir à Duxbury, près Boston. A Saint-Pierre, il est en contact avec le câble anglais, afin de diminuer les chances d'interruption de service. Dépêche de dix mots pour New-York, 37 fr. 50 ; chaque mot en sus, 3 fr. 75.

Par nos communications télégraphiques terrestres avec Lisbonne, nous participons au service électrique entre cette capitale et l'Amérique du sud : Brésil, Montevideo, Buenos-Ayres et Valparaiso. Nous serons prochainement, par cette voie, en correspondance télégraphique avec notre colonie du Sénégal, par l'embranchement projeté entre les îles du Cap-Vert et Saint-Louis.

Sur la Méditerranée, trois fils partent de Marseille.

Le premier, dont la pose date de 1860, aboutit à Bône (Algérie) ; le second, immergé en 1871, s'attache à Alger ; le troisième, immergé en 1874, à Barcelone. Ces trois fils ne sont en quelque sorte que des embranchements de la grande ligne anglaise sur l'extrême Orient, Chine, Japon, Australie, dont Malte est le principal nœud méditerranéen. La dépêche simple de vingt mots, par cette voie, coûte 147 francs pour la Chine et 172 francs pour le Japon.

Ces contrées lointaines correspondent encore avec l'Europe par le grand fil aérien Russe-Amour, qui traverse tout le nord de l'Europe et de l'Asie. La dépêche de vingt mots, par cette voie, est de 106 fr.

En ajoutant le service du réseau aérien qui rayonne sur toute l'étendue de notre territoire, à celui du réseau sous-marin, on compte, en France, une moyenne de 7 millions de dépêches. L'Angleterre en expédie 12 millions, non comprises les 700.000 dépêches pour le service exclusif de la presse, qui jouit d'une réduction de taxe.

Les éléments de nos échanges, productions naturelles et industrielles, voies de communications intérieures, extérieures et ports, occasionnent en France un mouvement commercial considérable, qui se chiffre, pour la dernière année, de la manière suivante :

Importations	3.748.000.000 fr.
Exportations	3.877.000.000
Total du commerce général	7.625.000.000

Au premier rang des importations figurent les matières premières, puis les matières alimentaires et de fabrique.

Dans les exportations, le premier rang est aux matières fabriquées (2 milliards environ) et aux matières alimentaires (1 milliard 1/2).

Les principales matières premières importées prennent en valeur l'ordre suivant : Soie (400 millions), coton (260 millions), peaux brutes (178 millions), etc.

Dans les exportations, les fils et tissus prennent toujours la première place, de la manière suivante : tissus de soie (470 millions), de laine (340 millions), de coton (70 millions), etc.

Ici prend fin la tâche de l'auteur qui a voulu, pour se conformer aux vues de la Société de Géographie de Lyon, faire un livre élémentaire et répondre, autant que possible, dans les étroites limites de cet ouvrage, à la pensée qui termine l'allocution de M. le Président de cette Société à MM. les Directeurs de l'enseignement primaire.

TABLE DES MATIÈRES

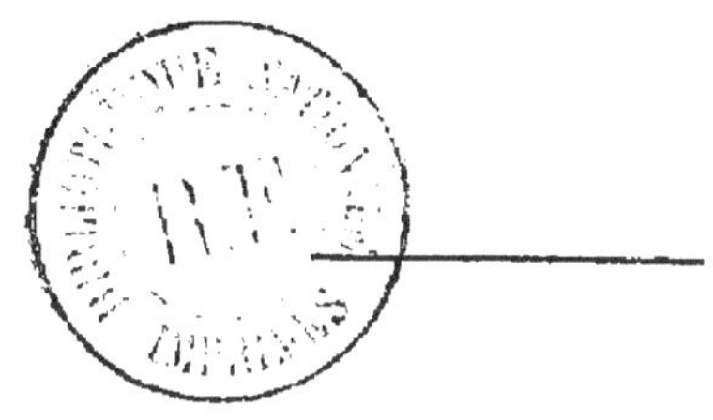

Lyon. — Imprimerie X. JEVAIN, rue Sala, 42 et 44

POUR PARAITRE PROCHAINEMENT :

L'ANGLETERRE

DANS

L'EUROPE COMMERCIALE ET INDUSTRIELLE

Imprimerie X. JEVAIN, rue Sala, 42, Lyon.

www.ingramcontent.com/pod-product-compliance
Lightning Source LLC
LaVergne TN
LVHW050420160826
845677LV00002BA/450

* 9 7 8 2 3 2 9 7 5 0 5 8 3 *